Criptomoneda

Comercio E Inversión En Bitcoin Litecoin Y Otras
Más

(Una Guía Simple Para Dominar La
Criptomoneda)

Elido Serna

Publicado Por Daniel Heath

© **Elido Serna**

Todos los derechos reservados

Criptomoneda: Comercio E Inversión En Bitcoin Litecoin Y Otras Más (Una Guía Simple Para Dominar La Criptomoneda)

ISBN 978-1-7770207-9-8

Este documento está orientado a proporcionar información exacta y confiable con respecto al tema y asunto que trata. La publicación se vende con la idea de que el editor no esté obligado a prestar contabilidad, permitida oficialmente, u otros servicios cualificados. Si se necesita asesoramiento, legal o profesional, debería solicitar a una persona con experiencia en la profesión.

Desde una Declaración de Principios aceptada y aprobada tanto por un comité de la American Bar Association (el Colegio de Abogados de Estados Unidos) como por un comité de editores y asociaciones.

Se establece que la información que contiene este documento es veraz y coherente, ya que cualquier responsabilidad, en términos de falta de atención o de otro tipo, por el uso o abuso de cualquier política, proceso o dirección contenida en este documento será responsabilidad exclusiva y absoluta del lector receptor. Bajo ninguna circunstancia se hará responsable o culpable de forma legal al editor por cualquier reparación, daños o pérdida monetaria debido a la información aquí contenida, ya sea de forma directa o indirectamente.

Los respectivos autores son propietarios de todos los derechos de autor que no están en posesión del editor.

La información aquí contenida se ofrece únicamente con fines informativos y, como tal, es universal. La presentación de la información se realiza sin contrato ni ningún tipo de garantía.

Las marcas registradas utilizadas son sin ningún tipo de consentimiento y la publicación de la marca registrada es sin el permiso o respaldo del propietario de esta. Todas las marcas registradas y demás marcas incluidas en este libro son solo para fines de aclaración y son propiedad de los mismos propietarios, no están afiliadas a este documento.

TABLA DE CONTENIDO

Parte 1

Capítulo 1: Dinero y el ascenso de la Criptomoneda

Si tú posees una cosa de valor y estás dispuesto a intercambiarla -o solo una parte de ella- por bienes y/o servicios, tienes que determinar la forma en que esos elementos de valor pueden ser aceptados como forma de pago. Esta ha sido siempre la regla.

También puedes convertir esos elementos de valor en dinero, y luego usar ese dinero como forma de pago.

Así es cómo funciona el dinero. Desde que existe el dinero (en formato digital) así es como la cripomoneda funciona también.

Una historia breve

El dinero (y cualquier elemento valioso como ganado y cultivos) han estado a nuestro alrededor desde el 350 AC. Fue funcional para las personas con el fin de satisfacer sus necesidades (por ejemplo comida, refugio, y ropa), acumular más elementos de valor como medio para una mejor la calidad de vida.

Años después, el dinero, en la forma de moneda y papel, dejó su huella. Tiempo después, instituciones financieras con ingeniosos sistemas fueron introducidas para establecer seguridad al dinero de la gente. Y de cierta forma, estas instituciones financieras distribuyeron el dinero de manera oficial.

Con la llegada del Siglo XXI, las monedas y el dinero en papel (billetes de bancos) están de alguna manera desacelerando el mundo acelerado. O te adaptas o terminas quedando atrás.

Actualmente, puedes elegir hacer transacciones a la vieja usanza con dinero tangible. También puedes unirte a una nueva moda, que muchas personas consideran una opción mucho mejor.

Aquí es donde la criptomoneda entra en escena.

Todo comenzó con Bitcoin

Mientas que la gente puede referirse a ellas como algo nuevo, las criptomonedas han existido desde el temprano 1998. A pesar de una corta pausa de su ciclo de desarrollo, BitGold y B-Money mantienen el record como debut histórico de las criptomonedas y el dinero digital.

BITCOIN ES UNA CRIPTOMONEDA MUY POPULAR. [FUENTE DE IMAGEN: PIXABAY]

La primera criptomoneda establecida, Bitcoin, fue el centro de atención en 2009. Bitcoin puede ser una de las primeras palabras que vienen a la mente cuando surgen discusiones relacionadas con la criptomoneda.

Un individuo misterioso, Satoshi Nakamoto, estuvo detrás de su desarrollo. Aun ahora no se sabe si Satoshi Nakamato es un pseudónimo usado por una persona o un grupo de personas. Especulaciones indican que Satoshi Nakamoto es una combinación de SAmsung, TOSHIba, NAKAmichi, and MOTOrola. Lo que realmente sabemos es que a principios del 2009 Nakamoto lanzó el software para Bitcoin y se comunicaba con el naciente grupo de usuarios de Bitcoin a través de e-mail pero nunca por teléfono o persona.

En 2011, como Bitcoin y Blockchain comenzaban a ganar más atención, los mails repentinamente se detuvieron. Parecía que Satoshi había desaparecido en el aire.

Algunas personas-aquellas con limitada exposición a la mayoría de las formas de bienes digitales- confundieron Bitcoin con todas las criptomonedas.

En realidad, no lo es. Bitcoin es una criptomoneda de tantas otras. Pero podemos, de alguna manera, entender la confusión, ya que Bitcoin es responsable de hacer que la bola ruede en la industria de la criptomoneda.

Bitcoin difiere de las monedas tradicionales, ya que carece de respaldo de las autoridades reguladoras y los bancos centrales. Mientras que unos pocos piensan de otra manera, muchas personas (incluidos los expertos en criptografía) creen que esto es lo que hace de Bitcoin una moneda revolucionaria en un mundo de sistemas monetarios tradicionales.

Otra ventaja es que, en comparación con el dinero tradicional, también está hecho por una computadora. Tiene el objetivo de resolver problemas matemáticos. Y, por lo tanto, podemos estar seguros de que su sistema es justo.

Para usar Bitcoin (y otras criptomonedas), debemos registrarnos en una "billetera" (wallet). Puede elegir entre billeteras de hardware, billeteras de escritorio, móviles o basadas en la web.

Cada tipo ha demostrado ser útil en el almacenamiento de Bitcoin. La preferida es la billetera de hardware debido a sus características ganadoras (por ejemplo, soporte para múltiples criptomonedas, difícil de piratear, recuperación y restauración de correo electrónico).

Aquí tenemos otros datos importantes relativos a Bitcoin:

Sub-unidades:

o   Millibitcoin or mBTC (0.001)

o   Bit or ƀ (0.000001)

o   Satoshi o sat (0.00000001)

·   Código: BTC

·   Tiempo de procesamiento: 10 minutos

- Creador: Satoshi Nakamoto
- Fecha de lanzamiento: Enero 9, 2009
- Página oficial: https://bitcoin.org

Datos sobresalientes sobre Bitcoin:

• Su diseño se basa en la tecnología blockchain, que sirve como un libro de contabilidad público para los registros de transacciones de Bitcoin.

• El software de Bitcoin, que se ejecuta mediante la comunicación de nodos, maneja el mantenimiento de la red de Bitcoin y la tecnología de cadena de bloques (blockchain).

• Como moneda seudónima, afilia a los fondos a direcciones de Bitcoin en lugar de los nombres reales y las direcciones de las personas.

• Para una transacción sin problemas, requiere al menos una entrada y al menos una salida.

• No necesariamente prioriza las transacciones que vienen con las tarifas de transacción. De hecho, pagar una tarifa es solo opcional. Pero un "minero" de Bitcoin tiene la prerrogativa de elegir qué transacción vale la pena priorizar (es decir, puede elegir procesar una transacción con una tarifa de transacción de alto pago).

Criptomonedas trabajando

Introducir criptomonedas es una cosa. Hacer que la gente adopte el sistema es otra.

Uno de los desafíos que se nos presenta es justamente la naturaleza compleja de las criptomonedas. En los días de la infancia de las criptomonedas, la mayoría de las personas se rascaban la cabeza ante el concepto. Casi en todas partes había versiones de "¿Cómo funciona una criptomoneda?"

Y mientras que la curiosidad de algunas personas se despertó, el resto no se molestó en mostrar el más mínimo interés en la adopción de un sistema de criptomoneda. Para ellos, era algo demasiado "extraño" y, en cierto modo, algo demasiado arriesgado. Y era un riesgo que mucha gente no podía permitirse.

Pero contrariamente a las afirmaciones que dicen lo opuesto, una criptomoneda, junto con su sistema, funciona de manera simple.

Este es un proceso sistemático sobre cómo utilizar las criptomonedas (los recursos en su Guía de bonos le ayudarán en este proceso. Por favor obtenga esta guía si aún no lo ha hecho):

1. Primero, abre una billetera de criptomoneda. Tienes la libertad de elegir su tipo. Solo asegúrate de que te permita almacenar el tipo de criptomoneda que desees.

Tu billetera de criptomonedas tiene tu dirección. Asegúrate de poner tu dirección correctamente.

Por ejemplo, si desea usar Bitcoin, la billetera que debes abrir debe ser una billetera de Bitcoin.

2. A continuación, financia tu billetera de criptomonedas con la moneda que desees.

Compra criptomonedas de los intercambios de criptomonedas (por ejemplo, Coinbase, eToro, YoBit y LocalBitcoins) y envíalas a tu billetera.

En este paso, necesitarás la dirección de tu billetera.

Para financiar una billetera de Bitcoin, necesitas comprar (o extraer) Bitcoin de una bolsa. Y luego enviar el Bitcoin a la dirección de tu billetera de Bitcoin.

EN UNA BILLETERADE BITCOIN, SE LE DAN DOS CONJUNTOS DE LLAVES. UNA ES LA CLAVE QUE "COMPARTES" CON OTROS PARA RECIBIR TOKENS DE BITCOIN. LA OTRA CLAVE ES UNA CLAVE "SECRETA", QUE NO DEBE SER COMPARTIDA CON NADIE. [FUENTE DE IMAGEN: WIKIPEDIA COMMONS]

3. Puedes elegir mantener tus "tokens" (cantidad de la criptomoneda que posees) de criptomoneda en tu billetera. También puede optar por enviar tokens a otra entidad con una billetera de criptomonedas.

Legalmente hablando

Tomó poco tiempo para que muchas personas en todo el mundo adoptaran un sistema de criptomonedas. Años después del debut de Bitcoin en el mercado, un número cada vez mayor de personas comenzó a ver su potencial y, por lo tanto, tomó las primeras medidas para utilizarlo.

Y a medida que más y más personas mostraron entusiasmo en Bitcoin, más y más personas también le están prestando atención actualmente. Esto incluye los diferentes grupos que expresan preocupaciones a nivel legal.

El 25 de marzo de 2014, el IRS (Internal Revenue Service) en los Estados Unidos emitió una resolución: Bitcoin debe ser tratado como propiedad física, a efectos fiscales.

Por supuesto, algunos lo consideran injusto ya que no están dispuestos a pagar impuestos sobre las ganancias de capital. Según ellos, exigirles que paguen impuestos por Bitcoin les roba la posibilidad de utilizar un activo digital. Es extraño, dicen, ya que una criptomoneda es intangible, lo que la diferencia de una propiedad.

Por otro lado, algunas personas acogen con satisfacción la decisión del IRS. Para este grupo, tener que pagar impuestos es solo una pequeña preocupación. Detrás hay una importante y viene con un motivo de celebración: ¡se ha aclarado la legalidad de los Bitcoins!

"Una vez más, el genio tecnológico ha sido liberado de la botella... y este genio está siendo convocado por una persona desconocida llamada Satoshi Nakomoto y este genio está ahora a nuestra disposición para dar otra patada a la lata y reescribir el orden económico y La red de poder social.

Hay enormes cambios en curso en el mundo y creo que si hacemos esto bien, podemos reconsiderar muchas de nuestras instituciones para crear un mundo más sostenible, justo y equitativo.

Hay una revolución tecnológica en curso. Ahora estás familiarizado con todas estas tecnologías: movilidad, web social, aprendizaje automático, internet de las cosas, la nube, drones y robótica y big data o I.A... Estoy convencido de que la tecnología más importante que nos llevará a las próximas 2 a 3 décadas no es ninguna de estas. Y se sorprenderá al oírme decir que es la tecnología subyacente de las criptomonedas como Bitcoin y su llamada BLOCKCHAIN"

-Don Tapscott en USI, París, junio de 2016

Capítulo 2

La tecnología del blockchain

Debido a esta fuerte tecnología de potencial disruptivo, algunas personas han sido escuchadas usando el término "la segunda internet" en relación. Igual que la internet original, esta segunda internet intenta establecer un auto-gobierno.

Afortunadamente, ha tenido éxito, y continúa haciéndolo. Es favorable para aquellas personas que quieren cultivar un sistema transparente. En dicho sistema, ellos pueden iniciar, procesar y validad transacciones con claridad y equidad.

Esta segundainternet es oficialmente llamada "la tecnología del blockchain"

Definición de "la tecnología blockchain"

LatecnologíadelBlockchainesunsistemaquefuncionaatravésdeunaredpeer-to-peer,esdecir,"caraacara" o "par a par"

Enestesistema,cadamiembrotieneelmismopoderdeinfluenciaquelosotros.

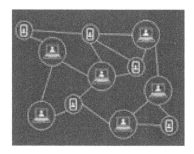

Estegráficomuestracomooperalatecnolog
íadelBlockchain.Comosepuedever,usuari
odemóvilesyPCestáninterconectadosycad
aunotieneigualpoderdeinfluencia.(Fuent
edelaimagen:PIXABAY)

Muchaspersonas,impresionadasconestate
cnología,laestánapodando"lasegundainte
rnet"estoincluyealagentedelInstitutodeInv
estigacióndeBlockchain.

Deacuerdoaestaspersonas,lainternetorigi
nalsedescribecomo*lainternetdelaInforma
ción*;mientrasquelatecnología
blockchainencajaenladescripcióncomo*La
internetdelValor.*

¿Cómolatecnologíadelblockchainestárelac ionadaconlascriptomonedas?

Existeunarelacióndirectaentrelatecnología

blockchainylascriptomonedasylascriptomo nedasseapoyanpesadamenteenlatecnologí ablockchain.todas sus funciones son capaces de marchar a la perfección gracias a esta tecnología.

AligualqueBitcoin,latecnologíablockchain eslacreacióndelaentidadanónima,Satoshi Nakamoto.Unavezquelaentidadanónimala pusoenlascalles,alosdesarrolladores (developers)alrededordelmundolesllamól aatencióny,porsupuesto,hicieronmuchom ás.

Sipensamosquelatecnologíablockchainrev olucionóúnicamentealascriptomonedas,n osestaríamosequivocando.Dehecho,supo pularidadlallevóaconvertirseenunsistema vitalparalacreacióndegrancantidaddeoper acionesdigitales.Hapromovidoel usodeunaplétoradeaplicacionesquenotie nenrelevanciaenelmundodigitalolasindust riasdelasfinanzasengeneral.

USOS

MÁSPOPULARESDELATECNOLOGÍABLOCKCHAIN

Contratosinteligentes: Conlaprestacióndela automatizaciónyauto-ejecucióndelatecnologíablockchain,cualquiercontratolegalpuedeconvertirseen"inteligente".Uncontratopuedeseractualizadomásfácilmentesinlanecesidaddeunejecutordetercerarparte.

Prevencióndetransaccionesfraudulentas: Latecnologíadelblockchainpermitelacreacióndeunsistemadefideicomiso.Estesistemaproveeprotecciónparaambos,tantocompradorescomovendedores,alretenerlosfondosamenosqueambaspartesesténsatisfechasal100%.

Notariodescentralizado: Conlautilidaddeltimbradodelatecnologíablockchain, unaredenterapuedeservalidadaenellugar(i.edatapiece)enunmomento.

Reduccióndefalsificación: Conlascertificacionesdelatecnologíablockchainvíalibrosdecontabilidaddigitales,controlarbienesesmá sfácilyposibleenmicrosegundos.

Almacenamientoenlanube(distribuido):debidoalanaturalezacentralizadadelasnubes dealmacenamientoactuales,estamosobliga dosaconfiarenunsoloproveedordenubedea lmacenamiento.Elproblemaconestoeselpo sibledecliveinesperadodelservicioproveed or.Sielservicioproveedorcae,túytodalainfor maciónalmacenadasepierdeconél enlanube.

Identidaddigital(ej.:pasaportes,onlinelog ins,certificacionesdebodas,ye-residencias):eliminalospeligrosdelacyber-seguridadtalescomolaproblemáticanatura lezadelossistemasdealmacenamientobasa dosencontraseñasysubasededatosinsegur a.Alutilizarfirmasdigitalesbasadaenunalla vepúblicadecriptografía,esposiblecrearun averificacióndeidentidadirrefutable.

Comounejemplo,miremosaWal-Mart.EllosusanlatecnologíablockchainconI BMcomosuco-developer.Hastaahora,lollevanmuybienam edidaquemanejanelproblemacontranspar enciayregistrosenlaindustriaproveedorade alimentos.

ConlatecnologíaBlockchainellosintentan mejorarlosiguiente:

- Lahabilidaddecoleccionarinformaciónc onunsolorecibo.
- Rápidaentregadecomidapararreducirde sperdiciosydeterioro.
- Garantizanfrescuraenlosproductosalime nticios.
- Garantizanlaautenticidaddetodossuspro ductos.

Dehecho,laposibilidaddelasfuncionesquep uedenllevarseacaboconlaayudadelatecnol ogíablockchainesilimitada.Despuésdetodo ,latecnologíablockchainsundocumentoun iversalmenteaccesible;confirmadopormuc hosFinTechstartups(ej.CelsiusNetworkyPh oenixPros).

Conunsinfíndeposibilidades,deberíamosco nsiderarcambiarnosalatecnologíablockcha

inparamaximizarelpotencialdenuestrosne
gocios.

Aquítenemosunaseriederazonesparahacerl
o:

.Otorgatransparenciatotal. Latecnologíab
lockchainnosinformadelastransaccionese
ntiemporeal.Podemosrastrearcadatransa
cciónentranteosaliente.
.Seguridadsinparalelos. Latecnologíablockc
hainusaverificacionessegurasconllavescript
ográficas.Estoprevieneelaccesonoautoriza
doainformaciónvital(informaciónfinanciera
yarchivosdeclientes).

**.Transacciones
Lowcost.**Estaventajadecosteeficienteperm
itealosnegociosconunlimitadocapitaldetra
bajomejorarsuproductividadyrealizarmásf
unciones(ej.:contratarmáspersonalyexpan
dirse).

Conlaasequibilidadqueofrece,losmicro-
pagostambiénestánpermitidos.

.Las

transferenciaspuedenproducirseenpocas horas. Estosedirigealproblemadelosretraso s(díasosemanas)enprocesos.

.Lahabilidaddetenercontroltotaldetusacti vosdigitales. Noesnecesarialaincumbencia deaplicacionesdeterceraparlequepuedenr equerircargosdeservicioolimitaraccesibilid ad.

CÓMOFUNCIONABLOCKCHAIN

Paraentenderlomejor,latecnologíablockch ainfuncionaatravésdelaaplicacióndetresot rastecnologías.Estastresson:

(1) Unacadena(network)dedistribución

(2) Unallaveprivadadecriptografía

(3) Unincentivo

Primero,lanecesidaddeserunacadenadistri buida.Enestacadena,losmiembroscompart enunlibrodecontabilidadyapuntanaalcanz arunconsensoquelespermitatenervalidaci ón.

Sielnúmerodemiembrosdeunacadenadistri buidaaumenta,laseguridaddeesacadenata

21

mbién.Enpocaspalabras,mientrasmásgran

desealacadena,másseguraes.Luego,siunac

adenadistribuidatrabajajuntoaunallavepriv

adadecriptografía,interaccionesdigitalesco

nmulti-

propósitospuedenemerger.Yfinalmente,uni

ncentivoesnecesarioparaladefinicióndeun

propósito.Despuésdequeelpropósitosedefi

neylascondicionesseespecifican

yelcírculocomienza.

Porejemplo,echémosleunvistazoacómofu

ncionablockchainconBitcoin.Bitcoinfunci

onautilizandolastrestecnologíaspreviame

ntemencionadas.

Primeramente,funcionaporencimadeuna

cadenadistribuida,unarazónporlacualsué

xitoeslaseguridad.Conunagrancantidadde

seguidores,haamasadounagranpodercom

putacional,elcual(tanto

en2018)podemosigualaramásde3,000,00

0TH/s.

Estáaseguradaporunallaveprivadade

criptografía.Estallaveprivadaestáadju
ntadaaotrallaveprivadaparacomenza
runatransferencia.

Desdeestacadenadistribuida,juntoalallave
decriptografíaprivada,lasreglasdeincentiv
oestánporcomenzaraejecutarse.Cuandose
danl a s   condicionesespecíficas   -
enelcasodelblockchaindeBitcoin,lallavepri
vadadelosusuariosdeBitcoinenlacadenayl
adisponibilidaddeBitcoins-
latransferenciapuedecomenzar.

*"Bitcoinleharáalosbancosloqueelemaillehi
zoalcorreopostal"*

-RickFalkvinge

*"El problema de raíz con la moneda
convencional es toda la confianza que se
requiere para que funcione. Se debe
confiar en el banco central para no
degradar la moneda, pero el historial de
monedas fiduciarias está lleno de
violaciones de esa confianza. Se debe
confiar en los bancos para retener nuestro
dinero y transferirlo electrónicamente,*

pero lo prestan en oleadas de burbujas de crédito con apenas una fracción de reserva. Tenemos que confiarles nuestra privacidad, confiar en que no permitan que los ladrones de identidad agoten nuestras cuentas".

-Sathoshi Nakamoto, fundador de Bitcoin y Blockchain

Capítulotres

10alternativasalaBitcoin

Bitcoinsehaconvertidoenungranhitquellevó algobiernodeAlderney,unaislaenGuernsey, a anunciar unapropuesta:producirunaBitcoinfísica.Ap esardequelosplanesdeproducción(ycirculac ión)deunaBitcoinfísicahansidoarchivados,s ehahechovisiblequeBitcoinesconsideradap oderosa.Y estaspersonas,comoparamuchasotras, reconocenelpotencialdefuncionalidadcom ocualquierotramonedatradicionalquepued eafectaralaeconomía. Porotrolado,Bitcoinesuntipodecriptomon eda.Puedequesealamáspopularensucateg oríaperonoeslaúnica.

Elporqué detenermonedasalternativas

DespuésdequeBitcoinprobóserunéxito,cri ptomonedasalternativas,oAltcoins,fueron presentadasalpúblico.Muchaspersonasse estándandocuentadelimpactodeBitcoin,a síqueestánalaesperademásdeestasmoned

25

asdigitales.

Deacuerdoaestaspersonas,essolocuestió
ndetiempoparaquela"maníadelBitcoin"se
modere.Noesqueseanescépticosalpotenc
ialquetieneBitcoin,sinoquehacenreferenc
iaalapsicologíadelamayoríadelaspersonas
.

Enreferenciaaesto,laproyeccióndeestasAlt
coinspodríaservircomolosmejoressustitut
osparaBitcoin.

Duranteel2018estaproyecciónseconvirtió
enunaposibilidad.

1Litecoin
UnadelasAltcoinsmáspopularesesLitecoin.
BajolalicenciaMTI/

X11,esunproyectodefuentesabiertasquefu
ncionacomounacriptomoneda.

Algunospuedenreferirseaestamonedacom
o"LaPlatadelOrodeBitcoin.Comparándolac
onBitcoin,puedeprocesarunbloqueorelati
vamenterápido-

másrápidoqueelprocesodeBitcoinen10mi
nutos-
ytambiénhaceusodeunguiónparasualgorit
mo
PoW(ProofofWork).LaventajadelaLitecoin
essusimilitudconBitcoin.Seapoyaenunains
cripciónsimilardecreación,transferenciayc
onfirmacióndetransacciones.

LadiferenciaprincipalentreunaLitecoinyuna
BitcoinesquelaLiteesunaversiónmás"suave
"deBitcoin.

Litecoinvieneconunagrancantidaddesupl
ementosquepuedensercreados,juntoaun
avelocidaddetransacciónmásrápida.

.Sub-unidad: 0.001lites

.Código:LTC

.Bloqueodetiempoprocesado:2,5minutos

.Creador:CharlieLie

.Fechadelanzamiento:Oct
ubre11,2011

.Sitiowebofcial:

27

https://litecoin.com/

Datossobresalientessobre Litecoin:

Sucapacidadescuatrovecesmásgrandeque unaBitcoin.

Notieneningúnproblemaconelbloqueodet amaño.TambiénadicionaSegWit(Testigoseg regado),elcualesunprocesoqueincrementa ellímitedeltamañodelbloqueo.

SualgoritmoesunScrypt,loquemuchoscript ografistasexpertosconsideranmásseguroq ueelalgoritmodeBitcoin.Estopermitelacrea cióndeunmáximode84millonesdetokensde Litecoin.

Desdeque usaScryptcomosualgoritmo,undispositivo quefuncioneexclusivamenteparaacumular tokensdeLitecoinesrelativamentecomplica do.Comparadoconundispositivoqueestédi señadoparaacumularotracriptomoneda(ej .BitcoinoEther),esmáscaratambién.

Tambiénpresenta"ThelightningNetwork",lo cualeselusodeunacadenafueradelsistemaq ueresuelveproblemasdeescabilidad (scalping).

2.Ether(popularcomoEthereum)

EtherestambiénunaAltcoinsprometedo
radesdequeesfácilmentereconocidaenl
acategoríadelosactivosdigitales.Sunuev
aimplementaciónestábasadaenunalgori
tmoPoS(PruebadeApuesta)conelobjetiv
odereducirelritmodeinflacióncercadeu
n2%.

Siconsideramosqueel50%decrecimientode
Bitcoinsurgealosiniciosde2018comoimpres
ionante,tenemosqueprestar
atenciónalcrecimientodeEther.¡ Hacrecido9
00%!

Ademásdesucrecimientoenprecio,elcrecimi
entodeEtherenbúsquedaesimpresionantet
ambién.GoogleTrendsrevelóestedato,loque
indicaquemásymásgenteestáenbúsquedad
ecomprartokensdeEther.Despuésdetodo,si
unapersonabuscaunproductoonline,esprob
ablequeestéalbordedelprocesodecompra.

.Denominaciones: finney, wei, y szabo

.Código: ETH

.Creador: Vitalik Buterin

.Fecha de lanzamiento: 30 de Julio, 2015

.Página web oficial: https://www.ethereum.org/

Datos sobresalientes sobre Ethereum

.Gran mayoría de casa de cambio de Bitcoin venden Ether (ejemplo Bitfinex, Kraken, Gemini y Coinbase),

.Suiza y Venezuela son los países en donde sus residentes muestran un gran interés en Ether.

.ElblockchaindeEthereumprobótener
unaseriedemejorasantesdequesuformafin
altuvieralugar.

.FrontiereraelnombreinicialdeEthereum.Lu
egofueactualizadaaunaformamásnueva,Ho
mestead.

DespuésdetodoesofueMetrópolisySerenity.

.Hacrecidosignificativamenteenvalor-
$7billones-
enelprimercuartodel2017.Enestemarcote
mporalelpreciocreciómásdel500%.Ysiinves
tigamossuhistoriadesde2015,suprecio
incrementó
sorprendentemente:hastael2,800%.

3.XRP(popularcomoRipple)

XRPesunacriptomonedaalternativamuyútil desdequepuedefuncionarcomounamoned a"puente".EnEnerode2018,eslatercercripto monedaentérminosdelmercadodecapitaliz ación.

LatransparenciadeXRPesoro,yesporestara zónquemuchosinversionistasopersonasen focadasalosnegociosestánapostandoporel la.Lagenteledaelvistobuenoporsunaturale zadirectayfranca.

Expertosenmercado,juntoacompañíasdep agoeinstitucionesdefinanciación,estánlost argetsXRP.Dehecho,XRPmantieneelhonord eserunadelaspocascriptomonedasquepue denbeneficiarlos,consu extraordinariatransparencia,algoritmodet ransacciónverificadoysucarácterde"puent e".

CreadorArthurBritto,RyanFuggerAndDavid SchwartzFechadelanzamiento:2012

PáginawebOficialhttps://ripple.com/

DatossobresalientessobreXRP

.XRPesresponsableporesculpirunahistoria deéxitosanombredeRippleenlaindustriade micro-emprendimientos(ejemploPalantir,Airbnb, yUber)

.LanetworkdeRippleintercambiaunhonora rioporlastransaccionesqueincluyencripto monedasdiferentesaXRP.Estehonorarioest ápensadocomoformadeproteccióncontrae lhundimientodelaNetwork.

.Existeunamedidadeanti-hackeotambién.Sialgúnhackerestáapunto deviolentarlanetwork,deberáforzadamen tepagarloscostosdetransacción(cuotasde movimiento).

.XRPMantieneunequipodeingenieros ysoportedecódigo-fuenteabierto. Elesfuerzodelosexpertoscriptógrafos ycientíficosinformáticossonlaprincipa lrazónporlacualXRP(laRippleNetwork engeneral)sonunéxitomasivo.

.Tú(ocualquierpersona)nopuedes"excavar
"(mine)XRP.LaúnicamaneradeadquirirtokE
nsdeXRPescomprándolosenunaplataform
adetrading.Otroatractivoesobligatoriedad
otorgadaaesasplataformasdetradingdeno
distribuirXRPenpequeñascantidades.

.Desdesulanzamientoinicial,soloel80%d
elostokensdeXRPfuerondadosalosLabor
atoriosdeRippleparaserdistribuidos.Losc
readoresretuvieronlosrestantes,quefuer
onunos20billonesdeXRPtokens.

.LaplataformadenetworkRipple
permitiólatransacciónentiemporecord.

4.Dash

Dash,esunamezcladedospalabras"digital" y"cash",esunamonedahíbridaconX11com osualgoritmomínimoyunASIC-velocidadHash(medidadelapotenciadepro cesamientodelacriptomoneda)deunos50 0GH/s.SunombreoriginaleraXCoin,yluego Darkcoin.

Sunúcleodesarrolladordearchivosrespecto alaprivacidadnoseentremezclaconaquello squedesarrollanBitcoin. Porlotanto,estolehaotorgadoasucriptomo nedasudistinguidacaracterística:unnivelde protocolomixtoquenospuedederivaralaDa rkSand.

Adiferenciadeotrascriptomonedas,nosolo confíaensunetworkdenivelúnicodondelos ganadoreshacentodoeltrabajo sino que, encambio,sunetworkdedosniveleshacepo sibledelegartrabajotantoalos"mineros"co moalos"masternodes".

EnelmundodelasAltcoins,Dasheslaestrella.

UnadesusprincipalesatractivosesInstantSe
nd.EstolepermitealaNetworkconfirmartra
nsaccionesinstantáneamente.Debidoasuin
comparabletiempodeconfirmaciónde1,3s
egundos,supopularidadnonoscausademas
iadasorpresa.

.Denominaciones:0.01,0,1,1,10

.Código:XCO

.Creador:EvanDuffield

.Fechadelanzamiento:18deEnero,2014

.Pági

naw

ebo

ficial

:http

s://

ww

w.da

sh.o

rg/

Datos sobresalientes sobre Dash

. Gravedad Oscura es el algoritmo que acostumbra permitir ajustes para cada bloque. Esto hace que sea relativamente más complicada de usar que otras criptomonedas.

. Con un código basado en Bitcoin, es compatible con distribuidores, carteras software, y exchanges que fueron escritos por usuarios de Bitcoin.

.Solocon48horasdespuésdesulanzamie
nto,el10%deltotaldelostokensdeDash(c
ercade2millones)fueronminados.

.Tieneunasignificativacapitalizacióndemer
cado,mayordeEtheroinclusoBitcoin.En201
7,sucapitalizacióndemercadoalcanzómásd
e$4,8billones.

.Evolución,sumayordesarrolloen2017,aut
omatizatodoslosprocesosde
lascriptomonedas.Estoeliminalacompleji
daddelastransaccionesdigitales,ymásimp
ortanteaún,lashacemásfácildeusar.

5.Zcash

Lacriptomonedaqueapuntaaproveersegu ridaddeprimeracalidadesZcash.Estábasa daenelprotocoloZerocoinyelsistemaZero cash,porlotantopermiteusuariostantopú blicoscomoprivados.

Sulanzamientoinicialfuedesaprobadopor muchaspersonas.Fueconsideradomuycost osoparaalgotannuevo.A3,299tokensdeBit coinporcadaZcashtokens,tútambiénlodud arías.

Elpreciopuedeparecermuyambicioso.Per omuchosinversoresde criptomonedasdiscutenestaidea.Deacuer doconellos,esbastantejustopartiendodel hechodequefuedesarrolladopor*Expertos criptógrafosglobalmentereconocidosycie ntíficosprominentes*del

40

InstitutodeTecnologíadeMichigan,laUniver sidaddeTelAvivylaUniversidadJohnHopkins .

ElhechodequeofrezcafungibilidadesunadelasprestacionesganadorasdeZcash.Estosig nificaqueeslegalcomprartokensdeZcashqu epreviamentehayansidoutilizadasilegalme nte.

Peroparapermanecerfungible,suunidaddebeserseparadadelrecord.Estosepuedecons eguirsimplementealdesenlazareltokendela Zcashdesuposiciónenelblockchain.

.Código:ZEC

.Creador:ZookoWilcoxO`Hearnyequipo.

.Fechadelanzamiento:Octubre28de2016

.Sitioweboficialhttps://z.cash/

Datossobresalientessobre Zcash:

.LosminerosdeZcashrecibiránhasta10.5mi
llonesdeZcashen2020–
despuésdesusprimeroscuatroañosenelme
rcado.

.EsunabifurcacióndelprotocolodeBitcoin.Es
tosignificaquesuimplementaciónseapoyae
ntremedioelprotocoloBitcoincomoelprotoc
oloZcash.

.Larevelaciónselectivasepermiteentran
saccionesprivadas.Estoautorizaalosusu
ariosa
probarelinformedepagoparaauditorias.
Estotambiénpermitealos

"transactores"accederaunasolicitudconlar
egulacióndelosimpuestosylasleyesdeanti-
lavadosdedinero.

.zcashhizohistoriacomolaprimeracriptomo
nedaenserexaminada
porunaasociacióndenegocios.Estuvoentre
JPMorganChaseandZerocoi,ElectricCoinCo
mpany.Aparentemente,JPMorganChasede
scubriólasventajasdeQuórum,latecnología
privadadeZcash,lacualpermitealosusuario
senfocarseenpequeñoscontratos.

6.Monero

Moneroesunacriptomonedaquesecentra endescentralizaciónyprivacidad.C++yCso nloslenguajesdeprogramaciónutilizadosp araescribirsucódigo.SualgoritmoincluyeFi rmasdeAnillos(RingSignatures)queotorga nprivacidadabsolutaasususuarios.

ESTO ILUSTRA CÓMO FUNCIONAN LAS FIRMAS DE ANILLO. UN USUARIO DESDE CUALQUIER PUNTO A, B o C, PUEDE ENCONTRAR SU MANERA DE PUNTO Z AL ESTABLECER Y RE-ESTABLECER UNA CONEXIÓN CON UN ANILLO CERCANO, HASTA QUE LLEGUE AL PUNTO Z. [FUENTE DE IMAGEN: WIKIPEDIA

MuchosexpertosenCriptomonedaspodría nverelpotencialdecrecimientodeestacript omoneda.

De hecho,eselmétododepagopreferidoporgruposdehackersconocidoscomoTheShadows Brokers.

Ademásdeesto,losreportesdicenquedetrásdelWannaCryransomwareattackconvirtieronsustokensdeBitcoinsaMonero.

Para refrescar el hecho:el cyber-ataqueincluyóencriptacióndedatos,queafectoa300,000ordenadoresalrededordelmundoydemandóunacompensaciónaBitcoincomorescate.

Porotraparte,Moneroesinteresantetenindoencuentaqueesunacriptomoneda altamente desarrollada.ByteOdínBCNeslabifurcaciónquelediooorigen.Despuésdelabifurcaciónsusdesarrolladoresidentificaronlanecesidaddeunamejora.Alalgoritmooriginal,losdesarrolladoresintegraronunnuevoalgoritmodemineríallamadoCryptoNight.

Apartedesusalgoritmosganadores,otrade

lasprestacionesfascinantesdeMoneroesla infinidaddesuministro.Adiferenciadeotra scriptomonedas,susuministroesvirtualme nteinfinito.

.Código: XMR

.Creador:Bitcointalkforodeparticipantesco nelnombrede"thankful_for_today"

.Fechadelanzamiento:Abril18,2014

.Páginaweboficial: https://getmonero.org/

HechossobresalientessobreMonero

.Susistemahasidocreadoparapremiaralos mineroscon0,36tokensdeMoneroporcada bloque(porlomenos).

.Presenta12PSecurityUpdate,en donde susoftwarepermitemanteneranónimasla sIP.

.Esposibleconducirtransaccionesfinancier asusandotokensdeMoneroencontrándose enAustralia.

.EscompatibleconWordPressWoocomme rceTherefore,unnúmerodedueñosdetien dasonlinequeincluyenMonero.

.Esfamosoporhacerqueelprocesodeminerí adelasCriptomonedasseaigualitario.Lagen tedetrásdeestamonedaproponequelamin eríadebeserunprivilegioquedeberíasergar antizadoacualquierpersonaqueloquiera.

7. **Dogecoin**

Dogecoinfuecreadaparaserunamonedade broma.Sucreador,BillyMarkus,seinspiraen unpopularmeme-unoendondeprotagonizabaunencantador ShibaInu.Elsimplementedeseabaabarcaru nademografíamayoraladeBitcoin.

Soloqueríaunamonedaconlapalabra"doge "enelnombreporquelepareciógracioso.Per olascosascambiaronderumbocuandoelenc ontróunespecialistaenmarketing,JacksonP almer.

Paraeseentonces,BillyMarkusconsideróca mbiarloqueeraunaideaarealidad.Encontróa JacksonPalmer,quienconmuchogustocompr óeldominio"dogecoin.com".

Lasiguientecosaqueamboshicieron   fue crearunasociedadfueradesuconocimiento. Paraesemomento,elloscomenzaronre-configurandouncódigodisponible:Códigofu entedeBitcoin.

Ellosmejoraronsudominioysupáginatambié

n,paramostrarensupantallaelmemedoge.

.Código:Doge

.Tiempodeprocesamientodebloque:1minuto

.Creador:BillyMarkus,JacksonPalmer(desarrollador)

.Fechadelanzamiento:Diciembre6,2013

.Páginaweboficial:http://dogecoin.com/

HechossobresalientesdeDogecoin

.Sucreadorydesarrolladornoseconocíanen persona.ComenzaronainteractuarvíaIRC,y luegoprosiguieronporTwitter.

.Esusadaenlaindustrialdelpokerypornografia.Despuésdetodo,unamonedaquepresenta aunperroesunaformadeatraer"jugadores".

.Haalcanzadounacapitalizacióndemercad
ode$1billón(Diciembre2017).Estofueunali
vioparasuscreadoresdesdequeestacripto
monedaestuvoestancadaporcasitresaños.

.Tienesupropiacomunidad.Losmiembrosde
estacomunidadparticipanactivamenteenev
entosdecaridad(ejemplo:recaudacióndefo
ndosporelequipodeJamaicaBobsledyCarid
adporelaguadeKenya).

8.   ADA(popularcomoCardano)

ADAeslacriptomonedaenelblockchaindeC ardano.Esunamonedadetercerageneració nbasadaenRINA(RecursiveInterNetwork Architecture).Sucaracterísticaprincipaless uinnovadordiseño,queapuntaaprotegerla privacidadmientrasdesactivaregulaciones .

Tambiénsecentraenlapreparaciónparauso sagrandesescalas.Vamásalládeloqueconsi guieronotrascriptomonedasalseguirunpr otocolodemulti-capas.Estole permitealacriptomonedamanejarfuncion esavanzadas(ej.:reconocimientodeidenti dadyprestacionesdeblockchain).

.Código:ADA

.Creador:InputOutputHongKong

.Fechadelanzamiento:Septiembre29,2017

.Páginaweboficial:https:// cardanofoundation.org/

HechossobresalientessobreADA

.Detrásdeella,existeunaorganizaciónnolu crativaquehonraaunaasociaciónconelequ ipodeinvestigacióndelaUniversidaddeLan caster.

.Anticipaeldesarrollodesupropio"sistema debonos",locualasegurarásuprotocolode sostenibilidad.

.Eldiseñodesusistemagiraalrededordelaa daptación,ADAtiene la característica de adaptarse a cualquier cambio(ej.:inclusoprocesamientomásráp idoytransaccionesmásprivadas).

.Suprotocoloestábasadoenlaincorporación deunalgoritmorevolucionarioPos,Ourobor os.Estollevaasusdesarrolladoresaplanificar usandounametodologíade"primerosprinci pios",quepermitenalequipoconstruiryelev arlacriptomonedaysusistema.

9.IOTA

Orgullosamenteautoproclamada"lanueva generacióndeblockchain".Comounacripto moneda,seenfocaaasegurarpagamentosy comunicaciónentrelasmáquinasenelIOT(I nternetOfThings).

Lacaracterísticapioneradel OTAeslahabilida ddeirmásalládelatecnologíatradicionaldebl ockchain.Alusar*ElTangle*oentérminosmeno scomunes,latecnologíaDAG(DirectedAcryli cGraph),sustransaccionessonavanzadasen comparaciónaotrasensucategoría.Particula rmente,unatransacciónes fácilmente"escalable"ysiemprelibre(sinten erencuentaeltamaño).

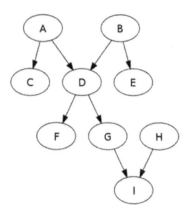

EstomuestracómolatecnologíaDAGesusad aparaorientartodaslasredesdelosparticipa ntes.(ImagendeWikipediaCOMMONS)

OtrasdelascaracterísticasdistinguidasdeIOT Aeselusodelasfirmashash-based(numeradas)enoposiciónaECC(Ellipti cCurveCrytography).Consecuentemente,el procesoportransaccionesconfirmasnumera dasesrelativamenterápido.

.Super-unidades

- 1Kiota=1,000i=Kilola

- 1Miota=1,000,000i=Megalota

- 1Giota=1,000,000,000i=Gigalota

- 1Tiota=1,000,000,000,000i=Teralota

- 1Piota=1,000,000,000,000,000i=Petalota

.Código:MIOTA

.Creadores:DavidSostebo,DR.SergueiPopov,DominikScheinerySergeyIvancheglo

.Fechadelanzamiento:Junio11,2016

.Páginawe boficial:<u>ht</u> <u>tps://iota.</u> <u>org/</u>

HechossobresalientessobreIOTA

.Tieneunnúmerofijodesuministrosdetokens encirculación:2,779,530,283,277,761.

.Sunombreesunacrónimodelaspalabraseni

nglés"InternetofThingsApplication".

.Curleselnombreoriginaldesufunciónnume ral,lacualesauto-

diseñada.Peroluegodequeexpertoshanide ntificadovulnerabilidadescríticas,fuefuerte mentecriticado.El7deagostode2017,fuere emplazadaconunanuevaymejoradafunció nnumerada:Kerl.

.Dostransaccionesseleccionadasazarosam entedebíanservalidadasporlosusuariosdel OTAparaserenviadas.

.AmedidaqueloshonorariosdeBitcoinincre mentan,unacompañíabritánicaquegestion atransaccionesdemicro-

pagamentos,SatoshiPay,recientementehah echo

elcambio.Apesardesunombre,hadejadode usarBitcoinparaecharmanodelOTA.

.Tieneunacolaboraciónglobalmenterecono cidadefirmas(ej:Microsoft,FujitsuyDeutsc hlandTelekom).

10.EOS

Uncripto-proyectoquecentraenprocesamientoparaleloy comunicaciónasíncronaesEOS.Tienesuprop iaplataformaEOS.IO,quetambiénfuncionac omosupáginaweboficial.

Silosdichossoncorrectos,sedicequetieneu nmodelodedistribuciónmásquejusto.Supr ecioesdeterminadoporelmercadode finanzasyporende,nuncaserápre-establecido.

Apesardeseruntantoambiciosos,losdichos querondanaEOSnodebensertomadosalali gera.Laideadequeunablockchainpueda"d escentralizartodo"puedeparecermuyimpr obable,perolagentedetrásdeEOSestámuyc ercadelograrlo.

Detodaslascriptomonedas,elcompetidor másseriodeEOS esEther.Estosedebeaqueambostienensupr opiaplataforma.

.Creador:DanLarimer,BrendanBlumeryBloc kone.

.Fechadelanzamiento:Juniode2017

.Páginaweboficial:https://eos.io/

HechossobresalientessobreEOS:

.Presentaunmodelodepropiedadqueresult aenlaeliminacióndeloscostosdetransacció n.

.ExistenvariosrumoresdequeEOSesunacró nimo.Algunasespeculacionesincluyen:End ofSilence,EthereumonSteroidsyEndlessOn lineScaling.

.Mientrasque otrascriptomonedasestánabiertasaello,EOS nopermiteel"mining" (extracción)enabsoluto.

.Eslaprimeradesuclaseentenersupropiaco nstitución.

.Conungranconsenso,aceptalaanul acióndeunatransacciónyposeelah abilidaddearreglarerrorestécnicos.

"Bitcoinesdineroconalas"
-CharlieShrem
"Desdesunúcleo,Bitcoinesunamonedaintel igente,diseñadaporingenierosmuyavanza

dos.Eliminalanecesidaddebancos,sedesha cedeloscostosdelastarjetasdecrédito,costo decambiodemonedas,transferenciasmone tarias,reducelanecesidaddeabogadosentr ansacciones...todascosasbuenas"

 -PeterDiamandis

Capítulo4

"Extraer"unacriptomoneda:mining

Frente deuncomplejorompecabezascriptográfico, élhacedesutrabajoencontrarsoluciones.Pr oveeuntipodealgoritmo PoWhashing,yunavezquelologra,élrecibeu npremio.

Élseencontráráconmuchastransacciones.P odrátambiénelegircualdeentreesastransac cionesestarámáspreparadaparaprocesar.Si aéllegustaunpocomásunaencomparacióna otra,tendrálaoportunidaddeiraporella.

Eseeseltrabajodeun"minero"decriptomone das.

QuéeslaextraccióndeCriptomonedas.

Extraercriptomonedaseslaadiciónyverifica cióndetransaccionesaunlibrodecontabilida d,queesposiblegraciasalatecnologíablockc hain.Estoincluyecategorizartransaccionese nunbloqueyluegoencontrarunasoluciónau nproblemadedificultadcomputacional.

Enunblockchain,elprimerparticipanteque
encuentraunasoluciónaunproblemaseleo
torgaelprivilegiodeponerelpróximobloqu
earribadetodo.Másimportanteincluso,se
ganaunarecompensa:criptomonedasy,de
haber,costodetransacción

Ladificultaddelproblemadependedelacan
tidaddeesfuerzopresentealolargodelanet
work.Ladificultadestambiénajustable,yelp
rotocolodelacriptomonedaseajustatantob
i-mensualmentecomocada2016bloques.

Eliminandoelpodercomputacionalalolargo
delanetwork,reduceladificultaddelosprobl
emas,yporlotanto,excavarcriptomonedass
evuelvemásfácil.Alainversa,sienergíacomp
utacionalesañadidaalolargodelared,ladific
ultadesunpocomayor,yporlotanto,excavar
criptomonedassevuelvemáscomplicado.

Lacantidaddecriptomonedasquecadaope
racióndeextracciónexitosalibera,esllama
dounbloquepremiado.

Cuandolatecnologíablockchaincomenzóen
2009,unbloquepremeditadoconsistíade50
bloques.En2014,unbloquepremiadodismi
nuyóa20bloques,yamedidaquelosañospas
an,estáapuntodedisminuirnuevamente.Pu
estomásclaro,esunareducciónalamitadcad
acuatroaños(aprox.)ocada210,000bloques

Comenzarunaoperacióndeextracción (mining)

Cualquierpersonaenelmundopuedecome nzaraexcavarunacriptomoneda.Unavezqu enosfamiliarizamosconcómofuncionalatec nologíablockchain,podemosreunirelequip amientonecesarioparacomenzarunaopera cióndeextracción.

Tambiénpodríamoscomenzarunaoperación deextracciónapequeñaescalainclusodesde unsmartphone,descargandounaaplicaciónc omoMinerGatedelAppStoreorPlayStore.Un adesventajadeestoesnoobtenergrandesgan anciasdeungrannúmerodecriptomonedas. Peroparaminerosprincipiantes,esteesunca minoideal.

Elprocesodeexcavarcriptomonedasesdifícil peropodemostrabajarlosuficienteparaobte nerlasgananciasdeseadas.Esposibleunaope racióndeexcavaciónexitosainclusosisomosp rincipiantes.Eltrucoesserpacienteyaqueobt energrandesgananciastomasutiempo.

Debemosrecordar,entonces,queelcampode laextraccióndecriptomonedasesaltamente-competitivo.Mientrasquetenemostodalaint encióndehacerunarentabilidaddecentedela extracción,cumplirlosobjetivosquenosplant eamospuedeserunretoymásaúnsinotienesc onfianzaentujuego.

Unaopciónesexcavardesdecasa.Podemosco menzarunaoperacióndeexcavacióncaseraal comprarunpre-construido"miningrig"decriptomonedas.Di sponibleenelmercadoexisteunagrancantida ddemáquinaspre-ensambladasconASIC(Application-Specific-Integrated-Circuity).

Algunasdelasmásconocidasson:

.Avalon6

-0.29W/GHenergiaeficiente

3.5TH/sdecapacidad.

.AntMinerS7

0.25W/GHenergiaeficiente

4.73TH/sdecapacidad

.GekkoScience

0.96W/GHenergiaeficiente

9.5GH/sdecapacidad

.RedFuryBMPCUSB

0.96W/GHenergiaeficiente

2.5GH/sdecapacidad

Tambiénexistelaposibilidaddediseñarunam
áquinaqueseacapazdeexcavarcriptomoned
as.Unagranventajadeestoessurelativobajoc
osto.Sitrabajamosconunpresupuestoapreta
doysitenemosunamplioconocimientotécnic
oounbásico"Know-
how"encómoconstruirequipocomputacion
al,estaesunaopciónaconsiderar.

Lasvariables

Deentrelosfactoresmásimportantesaconsid erarcuandocomenzamosunaoperacióndee xcavaciónsonlassiguientesvariables:

Electricidad. Excavarcriptomonedaspuedec onsumirmuchaelectricidad.Lafacturadelalu zpuededuplicarseunavezquecomencemos unaoperación.Minerosprincipiantescomet enelerrordenotomarestoenconsideracióny terminancancelandosusoperacionesinespe radamenteporlafaltadefondosparapagarla electricidad.

Paraelconsumoeléctrico,debemostenerun plandepagosólido.Deotramanera,estaría moscondenadosaformarpartedelgrupome ncionadopreviamente,sinsercapacesderec uperarlainversióninicial.

Unasoluciónprácticaescrearunaestrategia. Conanticipación,determinarundispositivo ROI(ReturnonInvestment).Podemoscumpl irestoenpocospasos:

1. Primero,determinarálaperforman

cedeldispositivoejecutado.

2. Deseguido,determina
relnúmerodewattsreq
ueridos.

3. Luego,dividirelvalordelaejecución
porelnúmerodewattsrequeridos.

Ysidecidimoscontinuarconelprocesodee
xcavación,peroqueremosreducirlafactur
adelaluz,tratemosdeusarotrasfuentesde
energía(ej.Energíageotérmichydroenerg
ía).Estoesloquegrandesexcavadoreshac
en.

Hashrate(velocidad). Tudispositivo,paraex
cavar,debepermitiralmenosun   hash
ratedecenteyaqueestoinfluenciaen
laperformancedeldispositivo.Conunaveloc
idaddecente(comoenAntMinerS7´s4.73TH
/s),queremosdecirquenuestrodispositivop
uedagenerarcálculosrápidamente.Mientra
smáscálculossepuedanresolverexitosame
nte,másgananciasobtenemos.

Porotraparte,lavelocidaddenuestrodispo

sitivoesdirectamenteproporcionalanuestr
arentabilidad.Unafuncióndevelocidadest
ádiseñadaparaaceptarinput(decualquier
flujo)yluegodevolveroutput(deunalongit
udespecífica).

Unafuncióndevelocidadesdeterminista.E
sencialmente,uninputespecífico siempre
devolverá el mismo output incluso si la
re-lanzamos.

De igual manera, el hash rate está
diseñado para ser impredecible. Si
intentamos determinar un imput que
vuelva un especifico output, la mejor
forma es lanzar tantos imputs sea posible
hasta que encontremos el resultado
deseado.

Usemos a Bitcoin como ejemplo.

Para comenzar a excarvar o mining, los
mineros de Bitcoin deben usar un imput
con una lista de transacciones recientes
que requieran de una verificación. Aquí
es donde la naturaleza impredecible del

hash rate entra en juego.

La única forma de determinar el valor correcto es buscándolo. Por lo tanto, si un dispositivo performa correctamente, el trabajo se vuelve posible y mucho más rápido.

Bitcoin usa la función de velocidad SHA (Secure Hash Algorithm) 256. Una vez que un minero de Bitcoin identifica un valor, el siguiente paso es tenerlo transmitido. Gracias a la transmisión, la lista de transacciones son entonces, verificadas, y esa lista de verificación se convierte en el siguiente bloque. El minero (es decir, el transmisor) recibe una ganancia por su contribución en la energía computacional.

Tiempo y mantenimiento. También tenemos que considerar un factor en el tiempo y mantenimiento requerido. Comenzar un equipo de excavación puede consumir mucho de tu tiempo teniendo en cuenta que debemos organizar los ordenadores correctamente.

También necesitaremos tiempo para familiarizarnos con la operación de excavación. Puedes ser solo tú el minero o podemos contratar a un empleado a que lo haga por nosotros. En cualquier caso, necesitamos invertir tiempo para esto ya que es crítico que comencemos a excavar rápidamente.

En relación a esto, debemos pensar también en mantenimiento, y mucho más si en los primeros meses como un minero de criptomonedas queremos continuar con la actividad. En este punto, tenemos que tener nuestro equipo de excavación chequeado.

Equipo de excavación requiere mantenimiento regularmente. Especialmente si vivimos en una región calurosa, tal vez necesitemos priorizar la instalación de ventilación en la locación donde se dará la excavación. Esto ayudará a que el equipo permanezca activo durante todo el proceso de excavación.

Muchas grandes compañías de excavación conocen este hecho. Incluso contratan personal tan solo para que cuiden de sus equipos de excavación.

"Deberíamos pensar en blockchain como otra clase de elemento a la internet- una comprensiva información tecnológica con varios niveles técnico y múltiples clases de aplicaciones para cada forma de registro de activos, inventarios, y cambio incluido en cada área de las finanzas, economía y dinero. Activos duros (propiedades físicas, casas, coches), y activos intangibles (votos, ideas, reputación, intención, información de salud, información en general, etc). Pero el concepto de blockchain es mucho

más. Es un nuevo paradigma organizacional para el descubrimiento, valoración y transferencia de toda quanta (unidades discretas) de cualquier cosa, y potencialmente para la coordinación de toda actividad humana a una escala muchomás grande de lo posible anteriormente."

Melanie Swan

"Ese término me gusta realmente- innovaciones sin permiso- porque cualquiera que tenga una idea y una solución puede aprovechas o puede apalancar el blockchain de Bitcoin"

Barry Silbert

Capítulo 5

Ventajas y desventajas

Si invertimos en criptomonedas sabiamente, esto puede guiarnos a un camino de fortuna.

Erik Finman es el ejemplo de una historia exitosa. Él invirtió en Bitcoin a $12 en 2011. Actualmente, 403 tokens de Bitcoin están a su disposición y esos tokens ¡hoy valen millones!

Por otro lado, incluso si invertimos en criptomonedas sabiamente, existe la posibilidad de que perdamos. Después de todo, el precio de tal inversión no está garantizado a ir en ascenso constantemente. Pero no es raro de ver, no solo para inversiones de criptomonedas sino para todo tipo de inversiones.

El lado positivo

La mayor ventaja de inversiones de criptomonedas es la descentralización. La descentralización puede ser alcanzada a través de la creación de proxy tokens. Un sistema de garantía de fideicomiso puede funcionar igual de bien, también.

La descentralización es favorable para casi todos, sino todos. Esto quiere decir que no existe una autoridad central a cargo de las criptomonedas. Nadie puede tomar posesión de ellas, ni siquiera el gobierno. Por lo tanto, si eres dueño de una criptomoneda, la forma de su distribución depende solo de ti.

Esto también quiere decir que una criptomoneda está procesada a través de una network de bases (de par a par). Con un sistema de descentralización, las transacciones son hechas directamente en vez de a la espera de las acciones de un intermediario.

Además de la descentralización, aquí

están las otras ventajas de las criptomonedas:

• **Transacciones instantáneas.** Las transacciones realizadas utilizando criptomonedas en la red de blockchain niegan la necesidad de servicios de terceros. Si bien pueden ayudar en dichas transacciones, estos proveedores de servicios de terceros (por ejemplo, notarios, abogados y corredores) pueden causar demoras.

• Debido a su ausencia en las transacciones, los individuos pueden realizar transacciones directas, casi instantáneamente. Tan pronto como deciden enviar dinero, estas personas pueden esperar que sus transacciones se procesen de inmediato y, en cuestión de horas, anticipan su finalización.

• **Accesibilidad pública.** Hay más de 2 billones de personas en todo el mundo que tienen acceso a internet. Pero no todas estas personas tienen acceso a los sistemas de intercambio tradicionales. Esta es una solución práctica para su problema, ya que no sería necesario que estén buscando un banco cuando no hay ninguno.

Por ejemplo, Kenia tiene un sistema M-PESA, un sistema de financiamiento y micro-financiamiento. Si eres residente del país, ser dueño de una billetera de criptomonedas te puede abrir las puertas.

Particularmente, si usted es dueño de una billetera de criptomonedas basada en dispositivos móviles, es elegible para realizar transacciones desde la comodidad de su hogar.

• **Más asequible.** Como se mencionó, las transacciones realizadas con criptomonedas no requieren la participación de un tercero. Debido a esto, no es necesario cubrir un porcentaje que se supone que es para el tercero.

Además de eso, los intercambios de criptomonedas no cobran tarifas de transacción. Y, por supuesto, la ausencia de tarifas de transacción equivale a tarifas generales más bajas. Esto es posible gracias a la compensación automática para los mineros por parte de la red de una criptomoneda en particular.

• **Reconocimiento universal**. Las criptomonedas son operativas en un nivel universal, lo que significa que son aceptables en cualquier país. Esta ventaja no se ve con las monedas tradicionales, lo que obliga a convertirlas antes de usarlas.

Por ejemplo, si está en México, debe convertir su moneda fiduciaria a MXN (Peso mexicano). De lo contrario, los establecimientos en México podrían considerarlos inaceptables y, por lo tanto, no utilizables.

Por otro lado, si estás en México con tokens de etherium, no necesitas convertir tus tokens de etherium a MXN. Si un establecimiento en México acepta tokens de ethe, puede utilizar estas criptomonedas para comprar tantos bienes y / o servicios como desee.

• **Casos de robo de identidad cero y transacciones fraudulentas.** Las criptomonedas están diseñadas para funcionar de acuerdo con un sistema de "empuje". Esto permite que las transacciones se realicen sin problemas solo con información sobre la cantidad exacta entregada al comerciante.

Los titulares de tarjetas de crédito se ven privados de esta ventaja. Cuando envían un pago, deben enviar su tarjeta de crédito (junto con otra información personal) al comerciante. Esto significa que un comerciante puede acceder fácilmente a la información personal.

Los inconvenientes

Cuando profundizamos en las inversiones en criptomonedas, es una regla memorizar su nombre de usuario y contraseña, o al menos, protegerlos. Tales detalles son vitales y la recuperación es casi imposible una vez perdidos.

Si olvida el nombre de usuario y la contraseña de su cuenta de correo electrónico, una solución rápida es hacer clic en el enlace "¿Olvidó la contraseña?". Pero una billetera de criptomonedas no funciona de la misma manera. Con una billetera de criptomoneda, no existe una solución rápida.

Aquí están los otros inconvenientes de estas inversiones:

• Una tasa de adopción relativamente baja. Mientras que su popularidad está aumentando, las criptomonedas son ajenas a algunas personas. Peor aún, una parte de esas personas no muestra el más mínimo interés en aprender su sistema.

• Incluso Bitcoin, que es el más popular en

su categoría, no es conocido por todos. Bitcoin ha existido por más de cinco años. Pero aun así, no todos pueden usarlo porque una parte (o ambas partes) en una transacción es nueva en su concepto.

• Transacciones irreversibles. Las transacciones en criptomonedas son altamente seguras. Si bien esto debería ser ventajoso, esto podría ser contraproducente para nosotros. No puedes intervenir una vez que hayas iniciado el proceso.

• Es imprescindible tener mucho cuidado al enviar una gran cantidad de criptomonedas a alguien. Debe estar absolutamente seguro de que está enviando dinero a la persona correcta. De lo contrario, la única forma de recuperar el dinero perdido es pedirle a la persona del otro lado que lo devuelva. El hecho triste es que quizás no estés familiarizado con él en absoluto. Recuerda, el anonimato es parte del trato.

Sería un gesto amable que te lo devuelva. Pero si decide no hacerlo, puede ser casi imposible recuperarlo.

• La necesidad de internet. No puede iniciar transacciones de criptomonedas sin una conexión a internet decente. Esta es una preocupación importante para las personas que viven en países del tercer mundo (por ejemplo, India y Cuba). Y si Internet falla durante un día (aunque es poco probable), los mercados financieros sufrirán una caída devastadora.

• Una cualidad canjeable de esto es el rápido desarrollo de propuestas para una conexión a internet decente en todo el mundo. Con esto en mente, este inconveniente se puede superar en el tiempo.

El límite de suministro actual

Otro factor molesto es el límite de suministro de una criptomoneda, con la excepción del suministro de Monero. De acuerdo con aquellos que están ansiosos por el estado de su suministro, llegará el día en que la oferta se vacíe. De hecho, una persona puede presentar una ecuación de cuándo se agotará el suministro de una criptomoneda.

La ONU (Naciones Unidas) dice que se proyecta que la población mundial alcanzará el número de 9.7 mil millones para el año 2050. Digamos que incluso si solo un tercio de esa población, que es aproximadamente 3,23 mil millones, posee una sola ficha de criptomoneda, el suministro parece lejos de ser adecuado.

Bitcoin, por ejemplo, tiene un suministro de 21 millones (a partir de 2018). En general, puedes explotar solo 21 millones de bitcoins. Para 3,23 billones de personas, 21 millones de bitcoins son muy pocos.

El lado positivo es que la oferta puede crecer. Si bien todavía no hay conversaciones al respecto, sigue siendo una posibilidad.

¿Quién sabe? Los desarrolladores pueden cambiar el protocolo de la criptomoneda para permitir más espacio. Tal vez, puede llegar a más de un billón para entonces.

Otro lado positivo es que el número de criptomonedas en particular está aumentando. En los primeros días, había menos de cinco de ellos. Ahora, hay una alineación de Altcoins. Tienes ADA, IOTA, dogecoin, EOS y monero. Si puedes recordar, el suministro de monero es ilimitado.

Capítulo 6: El futuro

El futuro de las criptomonedas es prometedor. Recuerda, el mercado de la criptomoneda es todavía joven y casi cualquier cosa puede suceder. Desde la aparición de Bitcoin, la industria ha ido lejos.

Por un lado, Bitcoin aprovecha la tecnología blockchain. Por otro, está ether y XRP que ambos tienen su propia cadena de bloques.

Atrás quedaron los días en que solo había un puñado de criptomonedas. Ahora, hay más de 10 de estos activos digitales disponibles para todos en el mundo. Y por cómo van las cosas, más está por venir.

La mentalidad de un futuro inversor

Si está todo listo para invertir en criptomonedas, el siguiente paso es comenzar a llevar la mentalidad correcta. Adoptar y adaptar.

También puedes seguir los pasos de prometedores inversores en criptomonedas como Barry Silbert, Cameron y Tyler Winklevoss, y Tony

Gallippi. Con sus consejos, tú también puedes hacerlo a lo grande.

Una regla fundamental es tratar las inversiones en criptomonedas como la forma en que se tratan las inversiones especulativas. Esto es favorable para ti porque su misma naturaleza se basa en especulaciones. A diferencia de las inversiones tradicionales, que se definen como la aplicación de un recurso para una buena oportunidad de rentabilidad, las inversiones especulativas conllevan un riesgo mucho mayor.

Recuerda, las criptomonedas no tienen valor intrínseco. Son altamente susceptibles a los cambios de precios. En pocas palabras, las criptomonedas son capaces de aumentar el riesgo de pérdida para un inversor.

Por otro lado, invertir en un activo que es susceptible a cambios de precios no equivale a una gran pérdida. Y ciertamente no niega la posibilidad de una alta rentabilidad.

Considérate advertido. Si crees que puedes desafiar el destino de una inversión altamente volátil, entonces hacer una inversión en criptomoneda es ideal para ti.

Una burbuja a punto de estallar

Tener inquietud por poner dinero en las criptomonedas no es algo malo. De hecho, una lista de expertos en inversiones tampoco confía en estos activos digitales. Para nombrar algunos, están Warren Buffett (Berkshire Hathaway), Seth Klarman (administrador multimillonario de fondos de cobertura) y Ray Dalio (Bridgewater Associates).

Estas personas han expresado sus sentimientos negativos sobre las criptomonedas, especialmente Bitcoin. Según ellos, se niegan a invertir en criptomonedas porque es simplemente una burbuja, y como cualquier burbuja, la ven explotar pronto.

El dinero del futuro

Por otro lado, una gran cantidad de expertos en criptografía y personalidades destacadas (por ejemplo, John McAfee) consideran las criptomonedas como "El dinero del futuro". Al asignar un apodo a las monedas digitales, están dirigiendo las ventajas de las criptomonedas al mundo moderno.

La creación de Bitcoin permitió que las personas sean menos dependientes, o incluso serán completamente independientes, del dinero tradicional. Este fue un voto positivo para aquellos que no tenían confianza en las instituciones financieras y los bancos centrales.

En Venezuela, las criptomonedas - Bitcoin, en este caso - sirven como una forma importante de cambio de moneda. Esto se debió al fracaso de las monedas emitidas por el gobierno para prosperar en una economía hiper-inflacionada.

Además, los venezolanos han optado por depender más de sus dispositivos móviles que de las monedas emitidas por el gobierno. Aparentemente, sus dispositivos móviles pueden ayudarlos mejor y otorgar estabilidad al procesar transacciones.

Si aumenta la cantidad de países cuyas necesidades reflejan las de Venezuela, no es difícil ver un mundo en el que las criptomonedas sirvan como dinero del futuro.

Aparte de Venezuela, los grandes nombres también están abiertos a la idea de las criptomonedas. Esto es de acuerdo con varios estudios, incluyendo uno de Forbes.

Aquí hay algunos notables:

• Suiza está aceptando bitcoins para impuestos y otros pagos relacionados con el gobierno.

• El metro, McDonald's, eBay, Expedia y Microsoft están comenzando a aceptar las criptomonedas como pago.

• Dubai planea ser la primera "ciudad de blockchain" en el mundo.

Un saludo al mundo del viaje.

La industria de viajes también permite que la criptomoneda juegue un papel importante. Más investigación está en camino. Esta vez, se trata del uso de las criptomonedas para aprovechar los negocios de las agencias de viajes.

Un director de investigación en una plataforma de inteligencia de viajes elogia la tecnología blockchain. Él dice que la característica de las criptomonedas que gira en torno a la tecnología de la cadena de bloques permite que cambien las reglas del juego tanto para las agencias de viajes como para los viajeros que transitan con un presupuesto ajustado.

La misma fuente dice que los destinos particulares están adoptando el uso de la tecnología blockchain para la agregación del inventario de viajes. Esto significa que estos destinos podrían ofrecer una opción más amplia para viajes con tarifas competitivas. Esto, a su vez, se traduce en ofertas más baratas.

Aquí hay una lista de agencias de viajes que aceptan criptomonedas:

• Surf Air
• CheapAir
• BTCTrip

Criptomonedas sin internet

Y para solucionar un inconveniente de la necesidad de Internet de las criptomonedas está el proyecto Kryptoradio. El proyecto, operado por un equipo finlandés de desarrolladores de software, se centra en las posibilidades de enviar criptomonedas a través de DVB-T (Digital Video Broadcasting – Terrestrial).

Un codificador y un decodificador son vitales en el componente de software del proyecto. Ambos admitirán las fuentes de datos y luego convertirán los datos en formas aceptables.

Este proyecto aprovecha la flexibilidad de la plataforma DVB-T entre otras tecnologías. Le permite al equipo comenzar con un pequeño ancho de banda y aumentar la escala según sea necesario. Cuando aumenta el tamaño de un bloque, el equipo puede mejorar para satisfacer los requisitos.

Hasta ahora, el proyecto va bien. Su enfoque actual es la optimización del ancho de banda y el uso de múltiples monedas (entre otras).

"Si quieren pruebas de que Bitcoin es real, envíenmelas, las cobraré y alimentaré a las personas sin hogar".
- Jason King

"Esta puede ser la forma más pura de democracia que el mundo haya conocido, y por mi parte, estoy encantado de estar aquí para ver cómo se desarrolla".
- Paco Ahlgren.

Capítulo 7

7 Consejos o tips parainvertir en Criptomonedas.

Si estamos equipados, desde el punto de vista financiero, para empezar un negocio lucrativo, invertir en criptomonedas vale la pena ser considerado. El precio de algunas criptomonedas, después de todo, se ha disparado últimamente. En los años venideros, esos números puedenseguir creciendo.

Entonces, la línea no comienza y termina con nuestra capacidad financiera. No porque seamos financieramente capaces de invertir en criptomonedas, el camino haciala riqueza está escrito en piedras. Así que podemos considerar estos consejos como útiles para nuestras operaciones.

Tip#1: Enfocarse en resolver un problema

El primer tip es direccionar tu atención como un "Investor" de criptomonedas correctamente. Esto significa enfocarse en la necesidad más que en la satisfacción de la ganancia: la necesidad de resolver un problema.

Con esto en mente, te estás diciendo a ti mismo que una inversión en criptomonedas es necesaria. Y por lo tanto, tiene que ser una inversión que tienes que tomar seriamente y priorizarla. Un beneficio importante de esto es la habilidad de condicionar tu mente en emplear una estrategia efectiva. Esto ajusta (o re-ajusta) tu estrategia de simplemente obtener una ganancia a maximizar e incluso palanquear tu rentabilidad.

¿Cuál es el problema?

Ahora, volviendo al tema de resolver un problema con criptomonedas. Como una manera de determinar el problema, pregúntate a ti mismo: "¿por qué estoy interesado en inversiones de criptomonedas?"

Si tu respuesta se acerca a "porque hace que las transacciones financieras sean más fáciles" entonces ¡aquí has encontrado el problema!

El problema: La dificultad de procesar transacciones financieras con monedas tradicionales.

Pensar potencial y disruptivamente

Si excavamos profundamente, te darás cuenta que tu problema (la dificultad de procesar transacciones financieras con monedas tradicionales) es muy probable que sea el problema de otros también.

Esto significa que el problema podría ser uno global. Y porque estamos intentando resolver un problema global también estamos invirtiendo es una solución global.

Más importante aún, esto significa que estás poniendo tu dinero dentro de una inversión variable con un valor global.

Este siempre tiene que ser tu modo de pensar.

Al enfocarnos en resolver un problema,

tienes una gran posibilidad de invertir en una criptomoneda con un potencial disruptivo, y el potencial de ganar una fortuna.

Tip #2: limita el tipo de criptomoneda en tu porfolio.

A medida que avanzamos, diversificar tu porfolio de inversiones es un movimiento inteligente. Esto te permite reducir pérdidas en caso de que las cosas "se vayan hacia el sur".

Pero un consejo más efectivo es diversificar tu porfolio de inversión selectivamente. Como también solo deberías invertir en criptomonedas que sean familiares para ti. De otra manera, podrías no ser capaz de mantenerte informado de todas las criptomonedas.

Un   investor   y   trader   activo

Este tip tiene mayor significación si eres un "trader" y no solo un inversor. Recuerda, la base del éxito en esta clase de industria no es solo suerte. Necesitas poner además un esfuerzo extra, lo que significa estar al día con todas las inversiones de tus criptomonedas.

Respecto de esto, pon énfasis en una criptomoneda con impacto global en particular. ¿Cómo se mantiene global? ¿Todavía resuelve un problema global?

Comparación entre BTC y USD

Si en el contenido de tu porfolio encuentras otras criptomonedas más que Bitcoin, es consejo sabio comparar esa criptomoneda con Bitcoin o con el dólar estadounidense. Haciendo esto, te da cierta idea de "seguridad".

Otra razón por la cual deberías comparar criptomonedas con Bitcoin es bastante explícito: Bitcoin es (discutible) la criptomoneda más popular y el USD es también la moneda más conocida

Tip #3: Concéntrese en la capitalización del mercado, en lugar del precio de la moneda.

El tercer consejo es percibir directamente, en lugar de buscar algún tipo de gratificación instantánea. Ten en cuenta los precios de las criptomonedas, pero descarta la idea de que el valor de una criptomoneda gira en torno a su precio.

Para hacer esto, necesitas enfocarte en la capitalización del mercado. La capitalización de mercado se refiere al valor total de mercado de una criptomoneda.

Determinación de la capitalización de mercado

Puedes calcular la capitalización de mercado de una criptomoneda en tres pasos:

1. Encuentra el precio.

2. Encuentra el número total de esa criptomoneda en circulación.

3. Multiplica el precio por el número total.

Por ejemplo, Bitcoin. Su precio es de aproximadamente $ 12,000 (a partir de enero de 2018). Y el número de Bitcoins en circulación es de unos 16.780.000. Al multiplicar los dos datos, puede obtener la capitalización de mercado de Bitcoin. 201,360,000,000.

Especificado sobre no especificado

Aparte de esto, el precio de una criptomoneda es de un valor no especificado, y con frecuencia cambia para bien o para mal. El precio es arbitrario y utiliza la oferta en circulación como base.

Hipotéticamente, solo hay cinco Bitcoins en circulación. Si el precio de uno de esos bitcoins es de $ 500, invertir una cantidad de $ 1,000 no altera los méritos de su inversión de $ 1,000.

Tip #4: Prioriza las ganancias a largo plazo sobre las de corto plazo.

Si apuntas a un mayor retorno de la inversión, debemos apuntar a ganancias a largo plazo. Evita ceder a la inestabilidad mental; esto consume mucho tiempo y te lleva a tomar decisiones de juicio irracional.

Di NO a las decisiones basadas en el pánico

Ya que estamos en inversiones en criptomoneda a largo plazo, evita tomar decisiones basadas en el pánico. La parte difícil en un período de espera es la tentación de sentirse abrumado.

Aquí hay algunos ejemplos de decisiones basadas en el pánico:

• Decidir vender tus Bitcoins tan pronto como el precio de cada token caiga 0.2%

• Decidir vender todos tus Bitcoins porque tus amigos te dicen que su precio bajará

• Decidir vender todos tus Bitcoins tan pronto como escuches la noticia de que Warren Buffett no cree en la criptomoneda Mientras que creer en tu instinto puede eliminar el miedo, la preocupación y la duda, no debe designar tu "intuición" como la autoridad que realiza los intercambios. En su lugar, debes permanecer exento a pesar de cualquier mala noticia.

Más importante aún, debes mantenerte enfocado en sus metas. Aprende a enfrentar inconvenientes menores para obtener recompensas a largo plazo.

Tip #5: Recuerde, las inversiones en criptomonedas son como las inversiones en productos básicos.

El quinto consejo es entender que las criptomonedas son similares a los productos básicos. Los productos básicos son activos "reales" (es decir, utilizados en industrias). También se negocian a través de transacciones de mercado abierto.

Un ejemplo de un producto útil es un metal precioso (por ejemplo, plata, oro y platino). Se utiliza en la industria de los joyeros.

Una criptomoneda funciona de la misma manera que un metal precioso. Como activo, se utiliza en las industrias de finanzas y seguros. Al mismo tiempo, también se negocia a través de transacciones de mercado abierto.

Jugando con las reglas

Con esto en mente, debes considerar cómo funcionan las inversiones en productos básicos. La Ley de Oferta y Demanda juega un papel crítico porque cuando las demandas aumentan, también lo hace la oferta.

Particularmente, presta atención al uso de las criptomonedas. Después de todo, el uso es un criterio importante cuando se invierte. Tomar en consideración la naturaleza imperativa del análisis fundamental.

Tip #6: No te involucres en el comercio compulsivo.

Entonces, recuerda no participar en el comercio compulsivo. Sí, en una industria donde las ganancias y las pérdidas pueden entrar en vigencia en unos pocos segundos, no es un hecho raro.

Un resumen

El comercio compulsivo se refiere a un desorden donde un inversionista termina negociando más de lo necesario. Es un desorden porque el comerciante compulsivo no puede controlar su propia actividad comercial (es decir, el número de operaciones que realiza).

En lugar de tomar decisiones acertadas, un comerciante compulsivo actúa en lo que él asume que es lo mejor para él. Su comportamiento es de alguna manera similar a uno que toma decisiones basadas en el pánico.

Al igual que el tomador de decisiones basado en el pánico, basa su decisión en cambios repentinos (y en su mayoría, insignificantes) en las posiciones del mercado. Aparte de simplemente entrar en pánico cuando los precios (de sus inversiones) bajan, también se regocija innecesariamente cuando suben los mismos precios.

Crear estrategias

Por lo tanto, siempre hay que planear estrategias. Si identificas un cambio repentino en las posiciones del mercado, puedes entrar en pánico y alegrarse de todo lo que quieras. Pero no bases tus decisiones en estos factores.

Piensa racionalmente comerciando de acuerdo a tu mejor interés. Evita tomar decisiones apresuradas y recuerda que estás en una industria donde las posiciones del mercado realmente cambian.

Tip #7: Obtén updates de fuentes confiables.

El último consejo es práctico: confía en las fuentes correctas. En pocas palabras, debes escuchar las noticias. Y debes hacerlo regularmente.

Dado que es una gran ventaja ser un inversor activo en criptomonedas, debes escuchar los últimos acontecimientos de su inversión. Presta atención a la información como:

• Precio de mercado actual

• Valor de mercado

• Alcance global

También es una buena idea estar al tanto de las noticias de un nuevo inversionista famoso. Esto significa que la celebrada personalidad ve el potencial de crecimiento posible de una criptomoneda en particular. Más importante aún, es noticia de una posible influencia en la criptomoneda.

Un aspecto peligroso de esto es si simplemente escuchas las noticias sin validar sus fuentes. La cantidad de sitios de noticias que informan los últimos acontecimientos en la industria de las criptomonedas está aumentando. Desafortunadamente, el número de sitios de noticias fraudulentos también está creciendo.

Formas de descubrir noticias "reales"

En lugar de creer inmediatamente en lo que predica cada sitio de noticias, debes aprender a estar atento. Sus afirmaciones pueden ser fáciles de creer e incluso pueden ser favorables para ti, pero por lo que sabes, sus informes podrían ser una completa basura.

Así que debemos

• Determinar si los autores de los artículos son individuos confiables. Realiza una búsqueda rápida en Google de los autores. Localiza sus artículos anteriores, aprende sobre su reputación e identifica su competencia en las criptomonedas.

• Buscar errores en la gramática y la ortografía. El trabajo erróneo sugiere que un sitio de noticias no se preocupa por la calidad de sus noticias. Lo que es más importante, esto sugiere que el objetivo de un artículo de noticias es simplemente ser publicado, y no es algo que deba tomarse en serio.

• Busca citas. Debes validar fácilmente cualquier reclamación. El autor no debería hacerte las cosas difíciles.

• Observar cualquier sesgo. Por lo general, una fuente confiable no niega un argumento que no favorece su versión de la historia. En su lugar, se discute a fondo para que nosotros (como lectores) podamos emitir un juicio sólido e independiente.

• Determinar si el realismo es un elemento. Si una noticia parece fuera de este mundo, lo más probable es que lo sea. Para estar seguro, investiga sobre dicho reclamo y ve si otros sitios de noticias también informan sobre el mismo tipo de infromación.

Conclusión

Gracias por tomarte el tiempo para leer este libro, CRIPTOMONEDAS. Espero que hayas disfrutado al leerlo desde el primer capítulo al último.

Espero que también hayas aprendido todo lo que necesitas ya que este libro provee de discusiones útiles referidas al tema-desde el comienzo del dinero y las criptomonedas y también las alternativas a Bitcoin, sobre la minería de las criptomonedas y el futuro de las mismas.

En el capítulo final 7 tips para inversiones en Criptomonedas, espero que lo uses como una lista de consejos para que puedas convertirte en un inversor en criptomonedas. Con esta base, podrás comenzar a invertir sabiamente.
Recuerda no abrumarte con todo el concepto de las criptomonedas. Si tienes que hacerlo, tómalos uno por uno. Pronto podrás estar al tanto de cómo funcionan. Y con suerte podrás ver los frutos de tu

labor.

Así que, avanza y encaja tu uña en la industria de las criptomonedas. Parece ser que este activo digital seguirá teniendo días de éxito. Incluso si eres un novato o si quiere re-invertir en ellos, no tengas miedo de hacerlo. Puedes usar este libro como ayuda

Parte 2

Introducción

Bienvenido a las Critpodivisas, un libro de autoayuda para entrar al salvaje mundo de las Criptomonedas. Las Criptodivisas son una nueva realidad y a menos que tengas algo que ver con desarrollo de Software el mercado completo debe parecer un verdadero misterio. Este libro está aquí para decirte en términos básicos como funcionan las criptomonedas, qué herramientas necesitas para intercambiarlas y para ayudarte decidiendo si todo el asunto vale la pena. Empecemos.

Capítulo 1: Qué son Bitcoin y Altcoin

Encriptación

Para entender lo que es Bitcoin y cómo comenzar a trabajarla, primero debemos comenzar en el verdadero origen, y eso es: cómo funciona el encriptado. Verás, todas las Bitcoin y monedas alternativas son formas de encriptación. Estas versiones de encriptación están basadas en estándares claros y son relativamente difíciles de romper. La mayoría tienen lo que se conoce como encriptadores recurrentes, lo que vuelve casi imposible entender cómo el sistema se protege a sí mismo.

Una encriptación es, simplemente, una forma de enredar una expresión matemática lo suficiente como para tener que resolverlo como un rompecabezas. La forma más fácil de encriptación es la conocida como "Rotación 13" y fue desarrollado por Julio César durante el Imperio Romano. La forma en que funciona es: Tomando cualquier letra que quieras utilizar y hallar la letra que está 12 lugares adelante, por ejemplo, si tu letra fuera A, usarías la M. Aunque este método de encriptación es sencillo cuando lo analizas, no es el estándar que se usa actualmente y en su época era relativamente complicado de descifrar ya que no todo el mundo estaba acostumbrado a pensar que las letras en un papel podían tener significados ocultos. ¿Imaginas la mirada en el rostro del primer comandante que se encontró con esto? No creo que estuvieran particularmente divertidos con el espía que habían enviado. Actualmente los niveles de encriptación son mucho mayores y ya no esperamos que los humanos sean quienes descifren los códigos, ahora son las computadoras las que armas y desarman las encriptaciones. Cuando ves una criptomoneda todo lo que puedes apreciar son una colección de letras y números al azar con un número de trabajador o un ID a un lado. Esto forma parte de la moneda o una moneda completa.

El Problema de Doble Gasto

El siguiente problema con el que debes

lidiar hablando de divisas digitales es cómo prevenir el doble gasto ya que esto ocurre gracias a la tecnología que permite "copiar-pegar" información. Esencialmente, no tenías forma de probar que las divisas que estabas utilizando no se habían copiado y pegado en otra fuente y esto permitía que el dinero se gastara en dos lugares al mismo tiempo sin tener forma de prevenirlo.

Este fue el problema primario de las criptodivisas durante algunos años, hasta que alguien llegó a solucionarlo y a la solución se le conoció como Blockchain. El doble gasto es un problema con el que todas las criptodivisas tienen que lidiar, y si no lo solucionan pierden todo su valor en una noche o incluso más rápido. De hecho, hubo monedas anteriores al Bitcoin, pero Bitcoin fue la que hizo a la industria tan popular.

El Problema de Doble Gasto, los Blockchain

Es gracias a la inmensa capacidad colectiva de calcular que el mundo tuvo la solución al problema de doble gasto. Un Blockchain es realmente uno de los mayores libros del mundo, pero, para que se realice la transacción debe de existir evidencia de su existencia en otros sistemas. Entonces, para que una transacción ocurra se necesita que cierta cantidad de personas confirmen la existencia de dicho "libro", confirmando la posibilidad de realizar la transacción.

Esto significa que todos tienen una carpeta donde guardan todas las transacciones que alguna vez han ocurrido en la red, pero, como normalmente estamos lidiando con 25 a 50 caracteres, el archivo no es más grande que unos pocos cientos de megabytes, que, en términos de tamaño, es muy pequeño. Para recompensar a aquellos que se dedican a revisar: una vez que se determina el grado de complejidad de la cadena, se eligen personas al azar, y los ordenadores de éstas personas deberán resolver los algoritmos como si se tratara de un rompecabezas, esto les dará como recompensa: monedas.

Altcoins

Altcoin es una conjunción en inglés para Alternative Coins (Monedas Alternativas) y es una categoría masiva, pero es importante apuntar el por qué se llaman Altcoins. Cualquier divisa que no sea Bitcoin automáticamente se titula como "Altcoin" y esto incluye a cualquier moneda posterior al Bitcoin, pero, ¿por qué? Bueno, muchas, Bitcoin es vista como la primera versión de todas las criptomonedas y muchas monedas alternativas son vistas como Bitcoins con cambios muy pequeños. Sin embargo, nada más alejado de la realidad. Toma Ethereum como un ejemplo, es una criptomoneda que utiliza una red muy similar a la de Bitcoin hasta que te das cuenta de que Ethereum es resistente contra ASIC y tiene la habilidad de utilizar los Blockchains como algo más que criptodivisas, a esto se le conoce como Contratos Inteligentes. Todos ellos utilizan patrones similares a los de Bitcoin, pero las diferencias que tienen, los hacen inmensamente diferentes.

Capítulo 2: Lo Básico del Minado

Cómo Funciona Minar

Para mantener la red funcionando y a la gente interesada en las monedas, debemos hablar del minado de criptodivisas. Esto tiene diferentes formas de hacerse y diferentes resultados.

Nosotros hablaremos de cómo se hace el minado aquí, pero también podemos hablar sobre cómo funciona el minado con otras criptodivisas además del Bitcoin en otro libro porque normalmente eso no es relevante para los mineros promedio de Bitcoin. Cuando estás minando criptomonedas, lo que estás haciendo es resolver una operación matemática con la finalidad de probar que una transacción ocurrió. Gracias a como funcionan los Blockchain, cada persona en la red tiene un acceso aleatorio a un código de transacción, esto prueba si la transacción se hizo de forma correcta y si la moneda es legítima o no. Cuando vas a preparar a tu computadora para realizar minado, necesitas elegir entre tres piezas diferentes de Hardware dentro de tu computadora para que esto sea posible.

La red juzga qué tan compleja es la misma tomando como referencia medidas de qué tan poderosa es la arquitectura o calcula el "poder" dentro de la red. Una vez que la red tiene una idea más clara del alcance, elige al azar nudos dentro del sistema para darles un algoritmo a resolver, esto probará que la transacción es válida.

A esto se le conoce como el concepto de Prueba de Trabajo. Aquellos que resuelven el problema y suben sus resultados son los que reciben monedas como recompensa. Así es como trabajan las criptodivisas normalmente (a la fecha en que se escribe este libro). Esto significa que la velocidad de la red se relaciona únicamente a la capacidad de poder que tienen las computadoras de todos en la red.

CPU

El primero y básico hardware que la mayoría de las personas utilizan cuando comienzan a minar criptomonedas es con un CPU, también conocido como Unidad

Central de Procesamiento (Central ProcessingUnit). Esa es la que le permite pensar a tu computadora "piense" y maneja todas las operaciones complejas que tu computadora necesita realizar para que el ordenador funcione correctamente. Sin embargo, el poder del CPU es sumamente limitado porque solo maneja un procedimiento a la vez por cada núcleo que tenga. No tiene caso decir que a menos que tengas un servidor, una computadora promedio tiene un máximo de 16 núcleos gracias a la tecnología actual.

Las computadoras regulares tienen alrededor de 4 núcleos, dando como resultado que una computadora solo puede resolver 4 problemas al mismo tiempo. Es sumamente lento en comparación con los nuevos métodos para resolver problemas, pero cuando el juego apenas iba comenzando, casi todo el mundo tuvo la habilidad de unirse a la red y comenzar a hacer dinero. Y así siguió hasta que comenzar a utilizar GPU como procesador, aunque en algunas zonas todavía se utiliza CPU, la estadística indica que la media utiliza GPU como fuente de poder para minar.

GPU

Ahora, la razón por la que cambiaron a GPU, también conocido como GraphicalProcessingUnit, aunque esté específicamente diseñado para lidiar con geometría y otras tareas basadas en forma y color... Fue debido al conteo de núcleos,. Verás, mientras que un CPU promedio tiene entre 4 y 8 núcleos, un GPU promedio tiene de 20 a 30 núcleos,, y eso hablando de las de más bajo espectro. En los últimos años el conteo de núcleos, en GPUs ha aumentado significativamente. Empezando con la marca hace 10 años, teníamos tarjetas gráficas, como las de GeForce 7800 GTX tenía la fabulosa cantidad de 24 núcleos.

Acelera en el tiempo hasta la actualidad y tienes al GeForce GTX 1080 Ti con ,584 núcleos. Como puedes ver, hay una diferencia masiva en términos de cantidades de núcleos, así que, en cuanto alguien desarrollo un método para usar

GPUs, prácticamente el mercado completo se cambió con ellos. Esto ha causado muchos problemas en cuanto a la comunidad de PC se refiere, porque antes una tarjeta gráfica decente costaba alrededor de 300 o 600 dólares, ahora los precios oscilan entre 600 y 1000 dólares, dependiendo del poder de procesamiento. La industria de las tarjetas gráficas simplemente no estaba lista para la cantidad de compradores, cuando las compañías comenzaron a quedarse sin productos intentaron frenar el consumo alzando los precios de forma exagerada pero esto no funcionó, por lo que se vieron obligados a generar un nuevo tipo de GPU separados del GPU general, creando uno para minar, el resultado final fue que la industria minera causa que los creadores de películas, videojuegos, arte y gráficas, mueran de hambre o se priven de un gran poder.

La nueva forma de minar ASICs

Ahora, la nueva forma de minar gira en torno a una forma de tecnología desconocida para la mayoría de la gente, una forma llamada ASIC. Cuando se trata de GPU y CPU, cualquier jugador de videojuegos en PC , que juegue de forma rutinaria, te podrá decir de forma casi inmediata que lo que debes buscar: ASIC, son como los vehículos recreacionales para la persona promedio: probablemente sabemos que existen, incluso hemos estado en uno, pero no tenemos ni la más remota idea de cómo se usan. ASIC significa ApplicationSpecificIntegrated Chip (Chip de aplicación específica integrado). Para ser justos, un CPU o un GPU en una laptop son chips integrados, porque están directamente conectados a la tarjeta madre y (para describirlo de forma sumamente vaga) necesitas quemarlos para desconectarlos de la tarjeta madre.

En un ordenador de escritorio sí son intercambiables aunque con ciertas limitaciones. Un ASIC por sí mismo es único y requiere de un proceso de creación especial por la parte de *aplicación específica*. En otras palabras, es una máquina que está creada para realizar una sola tarea, mientras que un CPU o un GPU pueden hacer muchas cosas. Debido a la inmensa cantidad de energía necesaria para minar, se han creado ASIC para Bitcoin y se consideran lo mejor para minar, tiene algunos bloqueos que requieren que mines únicamente con el ASIC.

Cómo Funcionan las Piscinas de Minado

El último nivel de minado viene en forma de minado colectivo y se les conoce como "Piscinas de Minado", esto permite que las personas combinen la capacidad de varios ordenadores para generar la mayor cantidad posible dinero. Mientras que yo te enseñaré, quizá, la forma más sencilla de minar monedas, las Piscinas de Minado tendrán su propia forma de minar las monedas y proveerán de reglas paso por paso para realizar la labor dentro de la piscina. Probablemente por eso es tan confuso encontrar como minar las monedas, pero tienes que revisar un par de cosas antes de elegir una piscina.

- ¿Tienen un CPU, GPU o ASIC específico

para minar?

- ¿Tienen largos HRs (velocidad de descifrado)?
- ¿Tienen un foro de comunidad que esté activo regularmente?

Necesitas contestar éstas preguntas porque las respuestas determinan si podrás usar la red o no, por lo tanto determinan si vale la pena o no el unirse a la piscina, y si disfrutarás o no el estar dentro de la misma.

Las Dificultades de Minar

Electricidad contra Ganancia

Como ya habrás notado, cuando la gente escucha sobre los precios descabellados de los Bitcoin o de Ethereum, casi todos miran hacia el signo de dólares y no del costo tras bambalinas. Analicemos un escenario común. Supongamos que pagas $0.12 por kilowatt (1000 watts) lo que no parece tanto hasta que te das cuenta que una computadora promedio requiere de una toma de alrededor 1000 watts por hora.

Lo que significa que si gastas $2,000 en un

GPU para minar y lo dejas corriendo durante un mes completo ya has gastado $2,086.40. Ahora, hablemos de Ethereum que tiene un valor aproximado de $1,025 por moneda mientras escribo esto, pero eso no es lo que tú recibes como minero. Como minero te preocupa principalmente el Hash Rate, es decir qué tan rápido puede resolverse un algoritmo. Mientras más GPUs o ASIC ocupes, más rápido se pueden resolver. Sin embargo, por $2,000 el sistema, estás aspirando a tener 2 GTX 1080 Ti's máximo y eso después de comprar todas las cosas extra, lo que te dará aproximadamente 35 a 40 Mega Hashes, equivalente a 35,000,000 a 40,000,000 Hashes. De nuevo, parece mucho hasta que nos damos cuenta del rendimiento que nos dará este número de Hash Rate.

Todo junto, sabiendo que 80 MH/s siendo el ideal máximo y 600w el costo eléctrico de correr GPUs, estás viendo una ganancia de $250 mensuales... Mensuales. Eso significa que solo par apagar todo lo que te gastaste y comenzar a generar una cantidad de dinero decente tendrías que dejar corriendo las máquinas por, mínimo, 9 meses. Y eso si el precio de las criptodivisas no va a la baja. Eso pensando que la cuota de la piscina sea del 1%, lo cual es imposible de encontrar.

Como puedes ver, a menos que utilices demasiado poder de fondo, no resulta un negocio rentable. Ethereum es diferente de Bitcoin, porque es resistente a ASIC, lo que nos lleva a la siguiente dificultad.

Influencia de ASICs

Cuando miras los ASIC de Bitcoin y sus HRs te encuentras con cifras tan elegantes como 13 a 15 Tera Hashes. Para ser claro, estamos hablando de 13,000,000,000,000,000 a 15,000,000,000,000,000 hashes. Nuevamente, no todo es tan claro como parece. Primero que nada, estas destinado a gastar unos 1300 o 1500 W para permitir que el aparato corra y tienes que lidiar con las consecuencias innegables: La moneda se devalúa.

Verás, el valor de una moneda se

determina dependiendo de cuantas personas pueden minarla y que tan extenso es su alcance. Un ASIC correrá de 3 a 4 veces, eso para ser equivalente a correr un GPU en términos de precios, lo que significa que la única forma de jugar con estos aparatos es teniendo dinero. Cuando las ballenas tienen la capacidad de guardar más poder que una persona normal, impide que más personas normales entren al juego y obtengan algo del mismo.

Esto disminuye el número de personas que pueden minar la moneda y esto mantiene a la red viva. Adicionalmente, estas máquinas aumentan la complejidad de la red y por consecuencia obvia, cada vez es más difícil descifrar los problemas, lo que vuelve a la red más lenta. ¿Qué mantiene a las Bitcoin en un valor tan alto?

Los ricos y poderosos. No solo es común que los ricos y poderosos compren almacenes completos de ASIC para minar las monedas, también los desechan en el mercado y siguen obteniendo ganancia de alguna forma. Los otros ricos y poderosos compran e intercambian alrededor de ello. El único motivo por el que no ha desaparecido por completo es debido al hecho de que las Bitcoin son el punto de entrada hacia el mundo de las criptodivisas. Las monedas más fuertes en el mercado actualmente son Ethereum, Lite Coin y Doge. Si quieres correr el mismo equipo que usas para minar Ethereum en uno de Bitcoin, estarías perdiendo unos $25 al mes. Pero si decides correr un ASIC en la red, estarías ganando unos $700 mensuales.

Considerando que puedes gastar 3 o 4 menos, y todavía ganar $250 minando en diferentes redes, no hay muchos incentivos para comprar un ASIC para BTC a menos que tengas el dinero para comprar un almacén de estos, que deben ser unos $500,000 y unas 250 unidades. Esto te daría 3250 TH/S y resultaría en $178,850 al mes, recuperando el costo de tu inversión en menos de 3 meses. Eso es un incentivo, pero si gastas el mismo dinero en un GPU para Ethereum, tendrías el modelo AMD Vega 64 y te daría un promedio de 360 MH/s.

Con $250,000 tendrías 250,000 tarjetas. Eso son 90, 000,000 MH/s y vendrían siendo $200, 000,00 por mes. Solo ten en mente que cargando la red con ésta cantidad de poder causas que el precio baje. Entonces no hace falta decir que no existe un incentivo real para minar BTC actualmente. ¿Por qué la gente no está haciendo cantidades obscenas de dinero en este momento? Solo puedes hacer que los GPUs vayan tan rápido. Como verás es un desastre complejo.

Minando 101: Cómo se hace

La forma más fácil que conozco para entrar en el juego de Minar Dinero es la siguiente. Primero necesitas una cartera (wallet) para mantener un control y cuenta de tu dinero encriptado y sus "hilos". El más sencillo de usar se llama Jaxx, y lo puedes encontrar en https://jaxx.io/. Una vez que lo hayas descargado e instalado deberás crear carteras para cada moneda que desees minar, después tendrás que conectarla con la piscina en la que quieras entrar, esta (obviamente) debe ser la piscina donde planees participar. Esto nos lleva al siguiente paso, una página llamada https://nanopool.orl/ y aquí podrás elegir que monedas planeas minar. Digamos que quieres Ethereum, así que tocas el "Inicio Rápido" y ahí encontrarás el resto de las instrucciones que debes seguir. Este es la forma más rápida que he encontrado para minar desde internet.

Capítulo 3: Lo básico del intercambio e inversión

Hallar un Mercado

Esencialmente, lo que estás buscando se conoce como Intercambio de Criptodivisas (cryptocurrency Exchange) y la subsección que estás buscando se encuentra en la categoría de Plataforma de Intercambio (Trading Platfomr). Tienes Intercambio Directo (Direct Trading) y puedes hacer esto si lo deseas, pero básicamente estás haciendo negocios con extraños en el internet y sin tener una idea clara del precio en tiempo real.

Una Plataforma de Intercambio se crea para permitir que puedan intercambiarse las reservas de una divisa y normalmente lo usan aquellos que únicamente miran esto como un pasatiempo o una profesión. Los intercambios personales te vuelven propenso a estafas, malos tratos y está visto como algo que se hace si necesitas dinero rápido o deseas pagar algún producto/servicio. Ten en cuenta algunas cosas:

>Si planeas usar tarjetas de crédito, prepárate para algunos cobros muy altos. Las personas fraudulentas también quieren jugar y tarde o temprano te encontrarás con personas que utilizan tarjetas de crédito robadas, esto con el fin de ganar y no perder. Si un sitio de internet no provee muchas verificaciones, yo me abstendría de invertir en algo así.

>Va a haber muchísimas verificaciones de identidad a menos que decidas utilizar un intercambio anónimo, pero así te arriesgas a perder cualquier cantidad de dinero, meterte en problemas o ser estafado. Las identificaciones te sirven como protección del mismo gobierno de tu país en algunos casos.

>Algunos países han generado su propia forma de Criptodivisas y otros han prohibido su uso, así que infórmate sobre la perspectiva legal en los países donde desees realizar intercambios.

>Pon atención al porcentaje de intercambio, porque muchos mercados pueden fácilmente quedarse con porciones de gran valor.

Algunos Buenos Mercados

Coinbase

Es limitada, pero es la que tiene mejor reputación. Únicamente cuenta con tres divisas actualmente, lo que puede ser un problema si vas en búsqueda de otras Altcoins, pero sí puede trabajar con Ether y Litecoin.

Kraken

Esta es otra muy popular, pero también tiene un alcance limitado. La plataforma no es muy amigable y es difícil aprender a usarla, pero al menos ésta te permite más Altcoins que la anterior.

ShapeShift

Criptodivisas únicamente. Debes tener alguna criptomoneda para poder utilizar ésta plataforma, pero tiene el mejor soporte como sistema de intercambio. Sin embargo es posible realizar transacciones sin tener una cuenta, pero eso te vuelve vulnerable en el mercado. Se considera una buena plataforma, pero eso no significa que todos tengan que salir felices.

Minar o Comprar

Ahora viene lo importante, y me temo que no puedo volver esta parte más sencilla. Lo que sé es que minar es realmente bueno si lo que quieres es generar ganancias y te ves en ello como un pasatiempo, mientras que intercambiar requiere de menos trabajo sucio y más de trabajo de números.

Verás, cuando eres minero tienes tu moneda y la puedes cambiar cuando sientas que sea el momento correcto, de lo único que debes preocuparte es de vender la moneda cuando el costo sea mayor a lo que inviertes para minar. Es como cualquier hobby normal, te vas y pagas la cuenta de la electricidad. Estableces una rutina donde checas los precios durante el día y así sabes en qué momento vender. Intercambiar, por otro lado, requiere que inviertas mucho tiempo investigando tendencias de mercado, verificando nuevas tecnologías y anticipar cualquier señal de bancarrota y tratar de atrapar siempre la mejor oferta para ti.

Generalmente, se prefiere hacer una venta

de muchas monedas, por poco dinero y de forma rápida, porque es la forma más rápida de obtener algo sin tanto trabajo, pero empiezas con Altcoins de bajo precio, como 50 USD o menos, así puedes apuntar a ventas a largo plazo y de precios más altos. Esto es porque todas las criptodivisas están en crecimiento constante, entonces si inviertes poco en una moneda de poco valor, puedes esperar un año (tal vez menos), ir acumulando monedas y generalmente obtendrás una buena ganancia con el paso del tiempo. Como ya dice, intercambiar requiere de mucho más tiempo, porque necesitas estar al tanto de todo, pero la ventaja grande es que no debes de tener todo el día todos los días un pequeño motor que suena como una turbina a un lado tuyo… O peor, intentar dormir con ese ruido.

Intercambiar o Invertir

No hay una gran diferencia entre intercambiar o invertir criptomonedas o en un mercado regular. Lo único que cambia es la cantidad de riesgo que toma el jugar en este mercado, los objetos con los que inviertes y la recompensa que puedes obtener. Por ahora, únicamente intercambias divisas, pero más adelante puedes intercambiar otros objetos. Fácilmente puedes ver como todo lo que invertiste se convierte en nada si no tienes cuidado, y ocurre mucho más rápido que en el mercado recular. Sin embargo, por cómo trabaja este mercado puedes recuperar los valores de forma mucho más rápida que el en mercado convencional. Muchos casi-millonarios se crearon porque sus criptomonedas pasaron de valer cientos a miles de dólares. La recompensa es grande, pero la pérdida también lo es.

Capítulo 4: ¿Vale la pena?

La ilusión del Valor

Esto es lo primero que debes entender, no importa si está invirtiendo en monedas o en lo que sea, el valor de las cosas no es intrínseco, es algo que la gente le otorga y tiene el valor que creen que tiene. No quiero volverlo confuso porque en esta industria es algo muy simple, pero, por ejemplo, el billete de dólar que tienes en el bolsillo, así esté dentro de una tarjeta o sea un billete diferente a un dólar estadounidense… El valor que tiene se lo da la gente.

El papel moneda que tienes se llama dinero fiduciario, y este dinero tiene algo impreso que le da un valor imaginario. Todas las monedas que existen como criptodivisas tienen una cantidad finita que estará en circulación. Eso significa, que a menos que la gente las use, la propia red las destruirá en algún momento. El dinero fiduciario sigue existiendo aunque nadie lo utilice, lo único que ocurrirá es que se imprimirá más dinero para compensar lo que no está en circulación.

En conclusión, las criptomonedas tienen una mayor probabilidad de aumentar su valor, ya que el dinero en circulación pierde su valor de forma natural con el paso del tiempo, como resultado de la reimpresión constante. Por lo tanto, quien te diga que las criptodivisas no son dinero real, no tiene idea de qué es el dinero.

Lo Volátil

Otro motivo muy común por el que la gente dice que no puede unirse al mercado de las criptodivisas es que el mercado es sumamente volátil. Sí es volátil pero justo por eso es que la gente logra conseguir tanto dinero. Verás, en las inversiones promedio, el mercado se basa en el dólar, depende de si este sube o baja y se regula de forma diaria. Todas las divisas suben y bajan diariamente en el mercado.

La única diferencia es que estos cambios son más marcados en las criptodivisas porque las cifras son más pequeñas y se notan más. Por ejemplo, el dólar estadounidense se valuó en $0.40 o 0.33%. Por decir lo menos es negigente, porque en el mercado tradicional se cambian dólares por dólares pero en nuestro mercado puedes ganar millones de cierta divisa si intercambias valores de divisas grandes y esperas a que el valor caiga de nuevo. Sin embargo, en el pasado, el dólar ha perdido el 10% de su valor.

Esto no puede parecer tanto como algunas criptodivisas que han perdido el 50% de su valor, pero el dólar lleva existiendo más de cien años, entonces que pierda el $0.10 de su valor es una pérdida masiva. Eso significa que si tenias 10 millones al principio del año pasado y los intercambias al momento en que escribo este libro, ahora solo vale 9 millones. ¡Es una pérdida substancial! En algunos países, de hecho *pierdes* dinero si intercambias dólares.

No Apuestes tu Vida

No tienes que invertir los ahorros de tu vida en criptomonedas, en eso también es diferente del mercado convencional. El mercado convencional requiere que tengas suficiente dinero para realizar cierto pago, esperarían que normalmente tengas unos $50 por acción.

Las criptomonedas pueden comprarse por centavos, ya que las fracciones más pequeñas de criptomonedas eso valen, puedes gastarte un dólar y ya estás en el mundo de las criptodivisas, así no tienes que gastar cantidades absurdas de dinero si no las tienes o no quieres. Hay mucho dinero por ganar y es mucho más sencillo que conseguir acciones en el mercado regular.

Una Inversión en Nuevas Tecnologías

Hemos llegado a la parte que me gusta creer, es la más divertida, la parte realmente interesante, por eso llamaremos a ésta sección "Una Inversión en Nuevas Tecnologías" porque eso es lo que estás haciendo al unirte a la red. Actualmente las Nuevas Tecnologías son los Contratos Inteligentes y déjenme decirles... Todos hemos tenido que lidiar con vendedores de autos, notarios o cualquier otro "intermediario", ¿no?

Imagina que esas posiciones ya no existieran. Ahora, para todos aquellos que trabajan en esa industria, me siento un poco mal por ustedes, pero también entiendo lo que es que todos nosotros tengamos que lidiar con ustedes profesionalmente, y la idea de que ustedes tengan que lidiar con nosotros, profesionalmente, es satisfactoria. He estado en suficientes oficinas gubernamentales y esperado lo suficiente y al final solo recibo un "perdón por la larga espera" pues sí... pero "tú has sido quien me ha hecho esperar en un principio", a quien le he dicho eso ha tenido que reflexionar su respuesta, porque no están acostumbrados a esa respuesta. Incluso más triste, normalmente sonreían con lo que les decía. Pero bueno, hablábamos de Contratos Inteligentes.

Hemos estado hablando de Blockchain, pero no nos hemos detenido a pensar en lo que realmente son. Son una transacción digitalizada y protegida de extremo a extremo por encriptación y requiere de verificación, uno de los métodos más seguros. Un vendedor de autos compra un auto por alguien más a un precio más bajo y normalmente duplica el precio para obtener ganancias.

Están ahí para revisar tu cuenta de banco, tu historial crediticio y básicamente… Si puedes pagar por él o no. Bueno, es muy divertido pero toda ésta información los formatos y demás se pueden realizar en línea, utilizando internet. En una forma muy sencilla, esto verifica que tengas dinero, que el automóvil exista y finalmente te dan el auto. Un Blockchain verifica que tengas la moneda, que la otra persona tenga su moneda y finalmente procede a realizar el intercambio. Muy similar, ¿no? Eso es un Contrato Inteligente y es un contrato creado utilizando Blockchains y este también requiere de validación y verificación, un Contrato Inteligente cumple con todos los requisitos a un costo muchísimo más bajo.

Conclusión

En la última sección pude haber hablado mucho más sobre las tecnologías que se desprenden de las criptodivisas pero eso solo sería mi desarrollador interno siendo un nerd, hablando de juguetes nuevos. Tú tienes cosas como Prueba o Riesgo, lo que es un concepto mucho más sencillo de cómo funciona un código, en un nivel superficial que no es realmente de lo que se trata este libro. Quería que este libro fuera una entrada al mercado de monedas y no el código interno, así que deje de lado todo lo que no estuviera conectado de forma favorable al tema. Espero que hayas disfrutado del libro y que te ayude en tu viaje hacia el futuro.